pfeiffer

Lothar Zenetti

Die wunderbare Zeitvermehrung

Variationen zum Evangelium

Verlag J. Pfeiffer · München

Mitglied der „verlagsgruppe engagement"

CIP-Kurztitelaufnahme der Deutschen Bibliothek

Zenetti, Lothar:
Die wunderbare Zeitvermehrung: Variationen zum Evangelium / Lothar Zenetti. – München: Pfeiffer, 1979.
ISBN 3-7904-0308-3

Printed in Germany
Druck: G. J. Manz, Dillingen/Donau
Umschlagentwurf: Barbara Bös und Wolfgang Taube
Illustrationen: Barbara Bös

ISBN 3-7904-0308-3

INHALT

Vorwort

„Die Heilige Schrift enthält genug Klarheit, um die Auserwählten zu erleuchten, und genug Dunkelheit, um sie demütig zu machen."

Blaise Pascal, „Pensées", Nr. 578

Wo anfangen und wie? Vielleicht mit dem Wort, das Petrus zu Jesus sagte: „Zu wem sollen wir sonst gehen? Du hast Worte des ewigen Lebens!" — In der Tat, das ist der Anfang. Aber wie weiter? Was ist, wenn diese lebendige Botschaft nun unlebendig und ohne Kraft weiterverkündet wird? Wenn sie darum weithin als langweilig und unerheblich empfunden wird? „Wenn das Salz seine Kraft verliert, womit soll man es salzen?"

Daß Worte ihre Wirkung verlieren, diese Erfahrung teilt die religiöse Verkündigung heute mit aller Sprache. In dem Unbehagen am Reden — „der Worte sind genug gewechselt" —, in der Entleerung, im raschen Verschleiß aller Wörter zeigt sich die Sprachnot unserer gleichwohl mit Gerede überschwemmten Zeit. In seinem Buch „Prediger und Predigt" schreibt *Werner Jentsch:* „Predigt ist Lob Gottes und Zeugnis von Jesus vor dem Horizont der Sprachlosigkeit. Sie sollte es jedenfalls sein. Aber sie ist bei manchem Prediger zusehends selber sprachlos geworden. Bei den zahlreichen Anstrengungen, immer wieder neue Worte, Bilder, unter Umständen sogar Gags und Tricks zu finden, kann einmal der Moment kommen, in dem einem nichts mehr einfällt ... Wenn man aber nun das Spielen verlernt hat und absolut keine Idee mehr kommen will, was dann? So etwas muß nicht an einer frühzeitigen Verkalkung liegen, auch und immer jüngere Prediger werden von diesem Zustand geplagt. Es handelt sich offenkundig um geistliche Atemnot und chronischen Luftmangel.

Sprachlosigkeit bewirkt Einfallslosigkeit: Einfallslosigkeit führt zur Erfolglosigkeit und früher oder später auch zur totalen Mutlosigkeit."

Mir scheint, an wissenschaftlichen Untersuchungen zur Bibel ist kein Mangel. Was fehlt — oder sehe ich das falsch? —, sind eher frische ungewohnte Zugänge, appetitanregende Einfälle, aktuelle Bezüge. Was wir suchen, sind Wendungen, die aufhorchen lassen, die das oft benützte und darum auch abgenützte Wort neu erschließen.

In diesem Buch sind nun einige solcher Versuche, solcher Sprech- und Schreibübungen am Rande des Evangeliums gesammelt. Manche schließen sich eng an ein biblisches Wort an, andere sind sehr frei assoziiert und dem Text gegenübergestellt. Ob es gelingt, etwas in Bewegung zu bringen, eine neue Aufmerksamkeit zu erregen? Ich hoffe es. Freilich sollte man die vorliegenden Texte und Geschichten nicht einfach als fertiges, schnell greifbares Material nehmen, mit dem man sozusagen Predigten, Religionsstunden oder gar Gottesdienste würzen kann. Gedacht sind die vorliegenden Beispiele vielmehr als Anregungen, wie man die eigene Phantasie, das eigene Erzählen und Schreiben in Gang setzen kann.

Nicht anders ist dieses Buch ja entstanden: Aus Versuchen — durchaus mühselig im genauen Sinn dieses Wortes —, das biblische Thema zu umkreisen und so neue Aspekte zu gewinnen, Spielraum sozusagen. Vielleicht ähnlich, wie meine Freunde, die Jazzmusiker, es tun: über dem vorgegebenen Beat, dem gespielten, oft auch nur mehr gefühlten gleichbleibenden Puls, Variationen in Form freier Melodielinien zu spielen. — Nein, wir wollen in der seltsamen Sprachverlegenheit unserer doch durchaus geschwätzigen Zeit die Freude am Hören, am Reden und Erzählen von Gott und der Welt nicht verlieren. „Religion", so hat es *Harvey Cox* einmal formuliert, „sollte Saatfeld und Brutstätte von Geschichten sein." Genau so wollte ich es versuchen: das Evangelium als Wurzelgrund von Worten und Wahrnehmungen und Bildern zu nehmen und einmal auf sehr verschiedene Weise auszuprobieren, wie man — am Rande der strengen Verkündigung — davon erzählen und sagen und singen kann.

Frankfurt, im Juli 1979 *Lothar Zenetti*

I

Texte –
So kommen Worte in Bewegung . . .

Was in den Evangelien geschrieben steht, ist unerschöpflich. Unentwegt regt es an: zum Nachdenken, zum Handeln, zum Erzählen.

Selbst zu einem hundertmal gehörten und gesagten Wort kann uns unversehens ein überraschender Gedanke kommen, der alles in einem neuen Licht erscheinen läßt und dem nachzugehen sich lohnt. Manche Predigt ist aus einem solchen Einfall entstanden. Oder aus einer Frage, die mitten im vertrauten Text zum Nachdenken zwang. Auch der Hörer, der Leser ist ja darauf angewiesen, daß ein Funke überspringt.

Darum haben sich die Verkünder des Wortes in allen Zeiten gemüht, die Botschaft neu zu vernehmen und sie in der jeweiligen Situation sich und anderen zuzusprechen. Die Botschaft selbst kommt aus einer anderen Welt. Aber hier, in unserer Welt, will sie wie ein Netz ausgeworfen werden, um Menschen für das Leben zu gewinnen. Es hat keinen Sinn, sozusagen, „im Drüben zu fischen", wir müssen es hier versuchen, unter den Menschen heute. – Und doch: Gerade dabei fühlen sich viele überfordert. Sie spüren: Was wir da lesen und hören und was wir sagen, das ist wohl richtig, korrekt, vielleicht sogar theologisch fundiert, aber es zündet nicht. Es regt nicht an und nicht auf.

Kann man das ändern? Soweit es an uns liegt, kann man es zumindest versuchen. In seiner „Predigtlehre" schreibt *Rudolf Bohren:* „Die Lust am Wort vollzieht sich als Spiel mit dem Wort. Wenn die Predigt ein heiliges Spiel darstellt, kann das Zwischenspiel, das vom Text zur Predigt überleitet, auch nur ein Spiel sein. Wer Lust hat am Gesetz des Herrn, wird meditierend zum Wort-Spieler. Meditation in der Freude wird zum Spiel mit dem Wort und das Spiel mit dem Wort zur Meditation in der Freude. Alles Meditieren ist ein Spiel, und dieses Spiel ist ein Aspekt der Heiligung."

Spielerisch mit dem Wort umgehen. Also mitspielen, nicht nur zuschauen. Beim Fußball spricht man von „Pässen", die einem Stürmer zugespielt werden, ja von „Steilvorlagen", die weit übers Spielfeld geschlagen werden und die er – mitdenkend – rasch aufnehmen und verwerten muß. So ähnlich empfinde ich mitunter Bibelworte: Sie spielen mir einen überraschenden Gedanken zu, auf den ich rasch reagieren, den ich aufnehmen und mit dem ich mein Spiel machen muß. Wenn ich nun einige solcher Pässe und Vorlagen, solcher Einfälle und Gedanken hier aufgeschrieben habe, dann nicht, um mich – sagen wir's geradeheraus – eines besonderen Einfallsreichtums zu rühmen. Ich tue es, weil ich damit Möglichkeiten aufzuzeigen hoffe. Ja, vielleicht können die nun folgenden Versuche ein wenig dazu beitragen, spielerisch mit dem Wort umzugehen. Das mag dann – je nachdem – ernsthaft, feierlich, nachdenklich oder humorvoll, ironisch, ja aggressiv ausfallen. Vielfältig wie das Leben selbst sind die Möglichkeiten und Formen. Wie auch immer, es sollte einem dabei gehen wie Jeremia, wenn er sagt: „Dein Wort, Herr, wurde mir zur Freude und zu einer Wonne meines Herzens."

Johannes 2, 1—11:
Die Hochzeit von Kana. — „Ich kann das nicht glauben", sagte einer zu dem großen Hieronymus, „das ist ja eine Unmenge Wein!" — Der große Bibelgelehrte antwortete nachdenklich: „Ja, wir trinken heute noch davon!"

Mattäus 16, 16:
Jesus fragt seine Jünger, für wen sie ihn halten. „Du bist der Christus, der Gott-Gesandte!" antwortete Simon. Und gleich wird ihm gesagt: „Und nun sage ich dir, wer du bist: du bist Der Fels, Petrus!" — Hier wird deutlich: Am Gegenüber, im Du-sagen lerne ich mich kennen. Indem ich bekenne, wer DU für mich bist, erfahre ich, wer ICH bin.

Markus 10, 12:
„Jesus und seine Begleiter waren auf dem Weg nach Jerusalem. Er schritt ihnen weit voraus, und es schauderte sie. Sie folgten ihm bangen Herzens." — So gehen auch wir. Und Er ist uns weit voraus.

Lukas 24, 31:
Die Emmaus-Jünger — und dieses geheimnisvolle „Sie erkannten ihn — doch da entschwand er ihren Blikken . . ." — Wir lesen es gewöhnlich so, als habe er sich von ihnen entfernt. Doch man könnte es auch anders verstehen: Einen Menschen uns gegenüber können wir noch sehen, auch die eigene Hand. Aber unsere Nase, unseren Mund? In unser eigenes Auge können wir nicht sehen, weil es so nahe ist. Vielleicht entschwindet Jesus unseren Blicken, weil er uns noch einmal näher kommt und leben will in uns . . .

Advent

„. . . da kam das wahre Licht . . .“

Johannes 1, 9

Wir kommen nicht weiter.
Alles tritt auf der Stelle,
ratlos. Immerhin:
Man schafft neue Stellen.
Stellt neue Kräfte ein.
Man ergreift Maßnahmen.
Noch ist nicht aller
Tage Abend, noch nicht.

Maßnahmen also,
aber ohne Maß, maßlos mithin,
mäßig die Beteiligung,
maßlose Enttäuschung,
von Masse keine Spur.

Beratungen hinter
verschlossenen Türen.
Einstimmiger Beschluß,
daß man schließt,
daß Schluß ist.
Feuer einstellen,
Bemühungen einstellen.
Bevor ihn die Hunde beißen,
macht der letzte das Licht aus.
Doch siehe,
da kommt einer, kommt herein
und zündet das Licht an und sagt:
Neueröffnung!

Wort-Meditationen

Zu Markus 4, 11

EI
HEIM
GEHEIMNIS
HEIM
EI

Zu Johannes 1, 5

FINSTERNIS
FIN STERN IS
FIN   STERN   IS
FIN STERN IS
FINSTERNIS

Zu Mattäus 18, 20

WO
BEISAMMENSIND
ZWEI ODER DREI
ZWEI ODER DREI
ZWEI   ICH   DREI
ZWEI ODER DREI
ZWEI ODER DREI
INMEINEMNAMEN
DA

Zu Mattäus 8, 8

SPRICHWORT
SPRICH WORT
SPRICH   WORT
SPRICH   WORT
SPRICH   WORT
SPRICH NUR WORT
SPRICH EIN WORT
SPRICH   WORT
SPRICH   WORT
SPRICH   WORT
SPRICH WORT
SPRICHWORT

Zu Lukas 8, 8

GESCHICHTEN
SCHICHT
SCHICHT
SCHICHT
ICH

Zu Mattäus 5, 14

ICH
LICHT
PFLICHTEN
LICHT
ICH

Weihnachten

„Laßt uns nach Betlehem gehen …“

Lukas 2, 8–20

Da haben wir also
Engel, die Gottes Ehre ausrufen
und Frieden für die Menschen,
und die den Weg uns zeigen.

Und wir halten Sitzungen ab
und diskutieren ohne Ergebnis
über Friedensforschung.

Da haben wir also
die Verheißungen des kommenden Heiles
in den Ohren und sehen,
wie die Armen aufbrechen überall.

Und wir träumen uns zurück
so recht nostalgisch
in die gute alte Zeit.

Da haben wir also
den Umsturz aller Werte
und ein Kind im Stall,
in dem das Heil erscheint.

Und wir wünschen uns
so recht von Herzen
geruhsame Feiertage.

Da haben wir also
die Bescherung, kommt und seht,
den reichgedeckten Tisch
des göttlichen Erbarmens.

Und wir machen
in Stimmung und schielen
nach den eigenen Geschenken.

Weihnachtliches

„Heute ist euch der Heiland geboren . . .“

Lukas 2, 10–11

I

Einer feiert Geburtstag.
Die Gäste beschenken sich
gegenseitig.
Nur der, der Geburtstag hat,
geht leer aus. Aber sieh nur:
Er lächelt.

II

Die hohe Zeit des Schenkens
nach den ehernen Gesetzen:
Wie du mir, so ich dir.
Auge um Auge sozusagen,
Gabe um Gabe.
Eine harte Zeit:
Da wird einem nichts geschenkt!

III

Zum Weihnachtsfest
hatte er einhundertzweiundzwanzig
Geschenke ausgesucht und eingepackt
und vierhundertundvier Glückwünsche
geschrieben und zur Post getragen.
Als einer sich für sein Geschenk
bedankte, winkte er
nur ganz bescheiden ab:
Ich habe ja nur meine Pflicht getan!

IV

Gold, Weihrauch und Myrrhe,
wahrhaft königliche Geschenke,

brachten die drei Weisen
damals, um zu huldigen ...
Heute schenken weise Leute,
wie man hören kann,
Angora-Unterwäsche, ein
wahrhaft königliches Geschenk,
eine Huldigung
an den guten Geschmack.

V

Unter Bergen von Geschenkpaketen
und Päckchen und Flaschen
fand man am Heiligen Abend
ein Kind, kaum zu glauben,
ein richtiges Kind,
und es atmete noch.
Niedlich, sagten alle.

Aufruf

„Die Zeit ist erfüllt, bekehrt euch ...“

Markus 1, 15

Die Verhältnisse ändern, sagte einer:
Die Tapeten wechseln, die
Wohnung auf den Kopf stellen,
den Haussegen meinetwegen
(gibt's so was bei euch?)
mal schief hängen,
den Partner oder
die Kinder tauschen,
den Tageslauf ändern, verreisen,
mal was anderes einfach,
was Neues, das hilft!

Besser vielleicht:
Eine andere Lebensweise,
Diät zum Beispiel oder
Kartoffelkur, keine Party mehr,
Fernsehverzicht
und Ausschlafen abends,
viel Sport und ran an den Speck,
die überflüssigen Pfunde loswerden,
die Rechte, die wohlerworbenen,
etwa den Rentenanspruch, und
einfach gesünder leben!

Noch besser:
Umdenken, ganz von vorne anfangen,
sich selber enteignen,
also teilen, verschenken, spenden,
nicht immer sich selbst,
sondern andere verwirklichen,

über den eigenen Schatten springen,
Buße tun, also beichten, oweia,
Schwerpunkte setzen, Prioritäten,
zuerst das Reich Gottes und
seine Gerechtigkeit, warum nicht,
insgesamt ganz neue Maßstäbe,
bessere!

Sieh an die Not!

„... da brachte man alle Kranken zu ihm ...“

Markus 1, 32

O Jesus, der du dich der Kranken
erbarmtest, heile doch auch
den kranken Dollar,
die schwache Lira,
das erschöpfte Pfund,
die müde Mark!

Erbarme dich
der kranken Landwirtschaft,
der um ihre Existenz ringenden
Klein- und Mittelbetriebe,
der darniederliegenden
Stahlindustrie!

Sieh an
die schleichende Inflation,
die besorgniserregenden Geburtenziffern,
die sinkende Moral,
die Ratlosigkeit der Experten,
die tauben Ohren der Tarifpartner,
die Blindheit der Politiker!

Erbarme dich
der hoffnungslosen Lage der Hungernden
und der Gleichgültigkeit derer,
die im Überfluß leben,
erbarme dich unser, Herr!

Das Licht

„Man zündet kein Licht an und stellt es unter einen Scheffel"

Mattäus 5, 15

Wir brauchen unser Licht
nicht unter den Scheffel zu stellen,
sagt da einer.

Recht hat er, es
steht ja schon drunter,
und daß es nicht leuchtet,
das sieht ja ein Blinder
mit dem Krückstock.

Schwierigkeiten

Mattäus 6, 6

Wenn du beten willst,
geh in dein Kämmerlein
und schließe hinter dir die Tür –
ganz einfach.

Gar nicht so einfach.
Denn wo gibt es das
noch heute, so ein Kämmerlein?

Normale Leute haben wohl ein Zimmer,
bei Jüngeren, ließ ich mir sagen,
heißt es Studio.

Ich geb' die Frage hiermit weiter
an die Architekten

und auch an solche, die
die Bibel übersetzen.

Dem sollte man mal nachgehn,
finde ich, sonst stirbt es noch,
was schade wäre: Das Gebet.

Bergpredigt

„Ihr sollt also vollkommen sein . . .“

Mattäus 5, 27–7, 27

Da war mal einer,
der nahm alles wörtlich.

Er betete für seine Feinde,
sah keine Frau begehrlich an,
er schwor auch nicht und hielt
bei jedem Streit sogleich
die andre Backe hin.
Unaufgefordert ging zwei Meilen
er mit jedem,
er betete im Kämmerlein
und salbte still und unbemerkt
beim Fasten sein Gesicht.
Er tat's
den Vögeln und den Lilien gleich
und sorgte niemals
für den nächsten Tag.
Wovon er lebte, wußt' er selber nicht,
und seine Kleidung war entsprechend.
Im Auge seines Nächsten
ließ er alle Splitter, er trat
ausschließlich durch die enge Tür
und witterte den Wolf
alsbald in jedem Schaf.
Am Ende baute er ein Haus
auf einem Felsengrund.
So hat er einen Schatz
gesammelt für den Himmel.

Doch hier auf Erden war er wohl,
soweit ich seh',
nicht sonderlich beliebt.

Grund zur Freude

„... freuet euch! ...“

Lukas 10, 20

Ich bin wirklich ein Glückspilz!

Heute morgen sagte mir mein Arzt
nach einer Untersuchung meines Blutbildes:
Es hat sich wesentlich gebessert,
es geht nun aufwärts, sehen Sie! –

Am Nachmittag sprach ein Kollege:
Meine Anerkennung, der Chef hat dich
gelobt, du bist sehr tüchtig, so hat er gesagt.
Und er lobt selten, wie ein jeder weiß.

Die erfreulichste Nachricht aber
überbrachte dann der Pfarrer
in der Abendmesse: Freuet euch, sprach er,
daß eure Namen in den Himmeln
aufgeschrieben sind!

Die kleine Hilfe

„Es ward gesagt: Den Nächsten sollst du lieben! ...“

Mattäus 5, 43

Ach, Nächstenliebe,
welch ein großes Wort,
und Hilfsbereitschaft – davon
kann ich mir nichts kaufen.

Mit einem Hundertmarkschein
stehst du hilflos
vor den Automaten,
und was dir fehlt, ist Kleingeld.

Wer wechselt mir
die großen Wörter in die
kleinen um für den Bedarf
des Alltags, wie er nun mal ist?

Wer gibt statt Nächstenliebe
so im Großen mir die kleine Hilfe,
die ich brauch', und noch dazu
vielleicht ein bißchen Freundlichkeit?

Hierzulande

„Sorgt euch nicht um euer Leben, was ihr essen sollt! . . .“

Mattäus 6, 25–32

Hier in unsrer schönen Welt
dreht sich alles um das Geld.

Hier versteht man keinen Spaß:
Schaffste was, dann haste was.
Haste was, dann biste was.

Und hier helfen keine Tricks:
Biste nix, dann kriegste nix,
kriegste nix, verdienste nix.

Und da kommt hier keiner drum:
Wo nix Kohlen, nix Konsum.

Darüber hinweg

„. . . die Sorgen des Alltags . . .“

Lukas 21, 34

Gras
ist über den Sorgenberg
gewachsen, gelber
Ginster deckt die Narben.

In den Himmel darüber
hebt eine Lerche ihr Lied.
Doch
in den Büschen die Beeren
schmecken bitter.

Schwierigkeiten beim Betrachten

„Sie säen nicht, sie ernten nicht . . .“

Mattäus 6, 26

Betrachtet die Vögel des Himmels:
Zum Beispiel die Wandertaube, den Madagaskar-
kuckuck,
die Blatthühnchenralle, den Eskimobrachvogel,
die Blautaube, die Bonintaube, den Karolinasittich,
die Seychellen-Ohreule oder den arabischen Strauß,
den Steppenschlüpfer, den Kupferspecht aus Guade-
loupe,
nehmt die Inseldrossel und die Hawaiidrossel,
den Laysan-Rohrsänger oder den Graszaunkönig,
den Inselschnäpper, den Tahiti-Monarch oder,
wenn ihr wollt, den Brillenvogel, den Lord-Howe-Star,
den Krausschwanz aus Molokai, die Hausbrandente,
die Wakeralle, den Lappenkopf, den Aucklandsänger,

meinetwegen auch das Kupidohuhn –
das sind nur ein paar der dreiundvierzig Vogelarten,
von anderen Tieren ganz zu schweigen,
die Gottes Weisheit und Allmacht erschaffen
und die der Mensch, ja, die der Mensch
in unserem Jahrhundert der Fortschritte ausgerottet hat,
darunter neunzig vom Hundert der Singvögel.

Betrachtet die Vögel des Himmels:
Sie haben nicht gesät und nicht geerntet,
sie haben es nicht vermocht, sich zu wehren.
Euer himmlischer Vater wollte sie ernähren.

Gedenkstein in der Sahelzone

„Und alle wurden satt ..."

Markus 6, 43

Hier gab es keine Speisung der Fünftausend.
Keinen mit fünf Broten und zwei Fischen.
Keine Hand, die segnete und austeilte.
Keinen, der satt wurde.
Keinen, der ein Wunder beschrieb.
Nicht einmal einen, der aus Steinen
Brot zu machen riet:
Selbst der Satan blieb aus
an diesem ganz gewöhnlichen Tag
unter der gnadenlosen Sonne
der Wüste Sahel.

Aktion

„Nicht die Gesunden brauchen den Arzt . . .“

Lukas 5, 30–32

Die Gemeindejugend fordert
in einer selbstinitiierten Aktion
auf selbstgemalten Transparenten,
es müsse sofort
was für die Randgruppen
geschehen. Gut.

Doch als etwas geschieht
für die Randgruppen, die
am Rande des Existenzminimums
in der Gesellschaft leben
und, und warum nicht,
auch für die Sünder, siehe Jesus,
engagiert sich keiner.

Es sind nicht
die richtigen Randgruppen,
ist zu hören.
Und überhaupt schwächt Caritas
ganz einfach die
politische Aktion.

Fernsehabend

„Wehe euch, die ihr jetzt satt seid – wehe euch, die ihr jetzt lacht! ...“

Lukas 6, 25

Das beliebteste Mittel der Bildung,
der Bildschirm, ist überaus vielseitig,
wie ein jeder weiß:

Um 19.30 Uhr zeigt ein Weltspiegel
das Elend der notleidenden Massen
und die Gesichter hungernder Kinder
im fremden Land.

Um 20.30 Uhr werfen einige
vergnügte Leute aus unserem Land
sich Torten ins Gesicht.
(Eine Torte kostet 35 Mark
und ist samt Garnierung mit
Früchten, Schokolade und Sahne
echt, so wurde uns versichert.)
Und weil dieser Klimbim
nun gar so lustig war
(Meinung der Nation, siehe die
begeisterten Leserbriefe),
wurde gegen Ende der Sendung
nochmals einem der Mimen eine Torte
ins Gesicht geworfen.

Das war ein Hallo, schrieb ein
Zuschauer, wir haben uns
fast totgelacht an diesem Abend.

Ich hab' wohl nicht Humor genug,
mag sein, ich dachte an die Kinder,
die da hungern,
und nicht nur fast, nein wirklich
heute sterben.

Verschiedene Anweisungen

Mattäus 10, 9

Verschafft euch weder Gold noch Silber,
noch Geld für eure Gürtel,
nehmt keinen Bettelsack
mit auf den Weg –
so spricht der Herr.

Doch gibt's da noch die Kirchenleitung,
und die gebietet ihren Söhnen,
den Pfarr-Etat getreulich zu verwalten
gemäß dem Haushaltsplan in allen Punkten
und Buch zu führen über Meßstipendien
und nicht die kleinste Spende zu vergessen
und die Kollekten sorgsam abzuführen,
denn Ordnung, weiß man, ist das halbe Leben. –

Doch: Halbe Sachen lieb' ich nicht,
so hör ich einen sagen.
Herr, bist du's?

Fragen

„Selig sind, die vor Gott arm sind . . .“

Mattäus 5, 1–12

Die Gesten Jesu,
sein Blick, seine Stimme.
Wie sagte er das,
sagte er's feierlich
oder wie nebenbei?
Hob er die Hand
oder beide,
einen Finger oder die Faust?
Sah er die Leute dabei an,
wenn er sprach,
oder über sie hinweg,
in die Ferne,
sah er zum Himmel?
Lächelte er,
wenn er sprach?
Dies und
vieles andere noch
müßte man wissen.

Erfahrungen aus dem wirklichen Leben

„Euch aber sage ich: Liebet eure Feinde!“

Lukas 6, 27–28

Leicht ist es für mich, zu lieben die Freunde.
Schwer ist es, zu lieben die Feinde.
Am schwersten ist es, zu lieben die,
die mir gleichgültig sind.

Leicht ist es, zu lieben alle, die einem nahestehen.
Schwer ist es, zu lieben den Nächsten.
Am schwersten ist es, zu lieben den,
der einem zu nahe kommt.

Einschränkung

„Die Brüder werden einander dem Tod ausliefern ...“

Markus 13, 12–13

Nach so mancherlei
trüben Erfahrungen
mit den vielen Brüdern
werde ich mich hüten
gleich zu sagen,
alle Menschen
sollten Brüder werden.

Ein paar Menschen
unter all den Brüdern –
das genügte wohl
fürs erste.

Gebet in der Diskothek

„Wie sollen wir den Weg kennen? ...“

Johannes 14, 5–6

Sie sind, das ist unübersehbar,
nur noch in Gruppen zu denken,
was sag' ich, in Haufen, in Horden,
in den gleichen Hosen,
weil das jetzt „in“ ist.

Wo alle sind, da sind sie alle,
da fühlen sie sich wohl,
da hocken sie zusammen,
in den gleichen Hosen,
in dem gleichen betäubenden Lärm.

Wohin man läuft, keine Frage,
dahin laufen auch sie
und denken, wenn überhaupt,
was man so denkt
und was jetzt „in" ist.

Ich laß mich gern belehren,
doch ist es, wie man sehen kann,
derzeit nicht „in", ein Christ zu sein.
Und in dem ungeheuren Lärm,
da kommen unsre Worte nicht mehr an.

Wir sehen keinen Weg,
sprich du, o guter Herr,
der du die Deinen kennst,
brüll ihnen zu im Lärm: Ich bin
der Weg, die Wahrheit und das Leben.

Einsicht

Mattäus 11, 1

Als Jesus damit fertig war, zu lehren,
zog er weiter von dort,
um in den Städten zu predigen. –

Seltsam,
dachte der Pfarrer, der das las:
Ich werde nie fertig
mit dem Lehren und Predigen.
Schon fünfzehn Jahre bin ich hier.
Das macht so über den Daumen
zweieinhalbtausend Sonntagspredigten,
eineinhalbtausend Ansprachen,
über tausend Reden bei Taufen,
Trauer oder Trauung,
dazu zweieinhalbtausend Schulstunden,
um nur einiges zu nennen.
Und noch immer
ist kein Ende abzusehen.
Irgend etwas
muß ich wohl falsch machen.
Ich wüßte gerne, was.

Wer ist Er?

„Die Meinen kennen mich . . .“

Johannes 10, 14

Der Jesus von Frau Heilmann,
das ist der Heiland, der liebe, der Hirt,
der behütet die Herzen,
der heilt, was verwundet ist.
Hoheitsvoll thront er und mild,
läßt sich huldigen, loben in Litaneien,
belohnt mit dem Himmel die Frommen.

Anders der Jesus von Mike, ihrem Sohn,
das ist ein Unruhestifter,
der will den Umsturz: Befreiung,
der führt die Rebellen an.
Der feiert seine Feste mit
Freudenmädchen, Fixern und Fantasten,
der verheißt ihnen die Erde,
Leben verspricht er, das Gelbe vom Ei.

O Jesus, du Christus, sanfter Rebell,
Hirte bist du und Lamm,
du gehst uns voran, ein Feuer, ein Traum,
Bruder Jesus, du Bräutigam,
feiere die Hochzeit
von Himmel und Erde, von Gott und den Menschen
und vergiß nicht Frau Heilmann
und ihren Sohn.

Hören die Stimme

„Die Schafe folgen ihm, weil sie seine Stimme kennen . . .“

Johannes 10, 3–4

Herr,
laß mich deine Stimme
heraushören
aus all den Reden von
Ansagern und Werbefritzen,
von Schmeichlern und Scharfmachern,
Sprechern und Schreiern,
von Lobhudlern und Langweilern,
von Diskussionsrednern und
Diktatoren, von Meinungsmachern
und Nachbarn.
Aus all dem Geschwätz,
dem lauten und leeren und
sinnlosen und endlosen Gerede
laß mich deine
sanfte und eindringliche Stimme
heraushören,
Herr.

Unterschiedliche Betrachtung

„In Ewigkeit nicht ..."

Johannes 10, 28–29

I
Was auch geschah, es geschah nichts.
Was auch geschieht, es geschieht nichts.
Was immer auch geschehen wird,
es wird nichts geschehen,
nichts.

II
Was mir auch geschieht, es geschieht mir nichts.
Was dir auch geschieht, es geschieht dir nichts.
Was immer uns auch geschehen wird,
es wird uns nichts geschehen,
mir nichts, dir nichts.

Damals und heute

„Da verbot er ihnen, mit jemand über ihn zu sprechen ..."

Markus 8, 30

Jesus gebot ihnen,
zu schweigen von dem, was er tat.
Aber es half nichts:
sie redeten doch,
redeten überall.

Uns gebietet Jesus,
zu reden von dem, was er tat.
Aber es hilft nichts:
wir bleiben stumm,
bleiben überall stumm.

Begegnungen

„Was nützt es einem Menschen, wenn er die ganze Welt gewinnt?“

Mattäus 16, 26

Ich traf einen jungen Mann,
kerngesund, modisch gekleidet, Sportwagen,
und fragte beiläufig, wie er sich fühle:
Was 'ne Frage, sagte er, beschissen!

Ich fragte, ein wenig verlegen,
eine schwerbehinderte ältere Frau
in ihrem Rollstuhl, wie es ihr gehe:
Gut, sagte sie, es geht mir gut.

Da sieht man wieder, dachte ich
bei mir, immer hat man
mit den falschen Leuten Mitleid.

Bitte

„Deine Feinde werden zerschmettern . . .“

Lukas 19, 43–44

Wir haben
den Krieg verloren.

Schon sind Belohnungen
ausgeschrieben,
Finderlohn.

Heiliger Antonius,
Patron der Schlampen,
hilf uns, daß wir ihn
nie wieder finden,
den Krieg.

Das eine Notwendige

„Du machst dir Sorgen und Mühen um vielerlei ...“

Lukas 10, 38–42

Es muß immer etwas geschehen,
damit nicht geschieht,
was am meisten zu fürchten ist:
daß einmal nichts geschieht.

Daß etwa Stille eintritt,
Schweigen, oder ein Wort,
dem wir nicht gewachsen sind.

Vorübungen zur Meditation
Erste Lektion

„Als er eine besonders kostbare Perle gefunden hatte, verkaufte er alles und erwarb sie ...“

Mattäus 13, 45–46

Die außerordentlichen Anstrengungen
unterlassen.
Die zusätzlichen Handlungen
einstellen.
Die üblichen Verrichtungen
sich selbst überlassen.
Die notwendigen Maßnahmen
einschränken.
Die unerläßlichen Bewegungen
verlangsamen.
Die Augen, die Ohren, den Mund
verschließen.
Worte nicht reden,
Gedanken nicht denken,
den Atem verhalten.
Stille ist kostbar.

EINLADUNG — EIN KLEINES LIEBESLIED

„. . . da war eine Hochzeit . . .“

Johannes 2, 1

Bewohne mein Haus,
bediene dich meiner Sachen,
mach dir's bequem.

Komm in mein Leben,
ruhe dich aus oder spiele
mit meinen Gedanken.

Sage, wenn möglich:
Hier bin ich, hier bleib' ich,
hier bin ich zuhaus.

Und sag nicht nur ich,
sage du, sage wir,
sag das schöne Wort: immer.

Die Verwandlung

„Und Jesus sprach: Füllet die Krüge mit Wasser! ...“
Johannes 2, 1–11

Aus Wasser
Wein machen,
denke ich, schön und gut. –

Aber diesen
Haufen von Egoisten in so was wie
eine christliche Gemeinschaft verwandeln,

oder aus mir
einen halbwegs brauchbaren Christen machen,
das wäre ein Wunder!

Die Ärmsten

Lukas 18, 22–27

Selig sind die Armen,
ihnen steht der Himmel offen.
Doch eher findet ein Kamel
wohl durch ein Nadelöhr,
als daß ein Reicher
in den Himmel kommt.

Wenn das so ist,
und wer will es bezweifeln,
dann solidarisieren wir uns
doch fortan lieber
mit den Reichen!
Denn ärmer dran als sie
ist wirklich keiner,
oder?

Der Hirte

„... wenn jemand hundert Schafe hat und eines sich verirrt ...“

Mattäus 18, 12–14

Ach, wie gerne ließe ich
die neunundneunzig Schafe
und ginge dem einen nach,
das sich verlief in den Dornen.

Doch will mir scheinen:
es haben heute
neunundneunzig sich verloren,
und eins ist nur geblieben.

O lehre mich, du großer Hirt,
so vielen nachzugehen.
Ich hab' ja nur zwei Beine
und ein einzig Herz.

Gewisse Unterschiede

„Verstehst du, was du liest? . . .“

Apostelgeschichte 8, 26–39

In der Apostelgeschichte
lese ich von Philippus
und dem Kämmerer aus Äthiopien:

Da las einer in der Bibel,
einer kam und erklärte ihm,
was er las,
und schließlich taufte er ihn.

Bei uns heute
geht die Sache wohl
eher umgekehrt vor sich:

Da taufen wir einen,
später belehren wir ihn
darüber und hoffen,
daß er schließlich selber einmal
in der Bibel liest.

DIE FAHRT INS GLÜCK

„Das sage ich allen: Wachet!"

Markus 13, 33–37

Unsere Kirche ist ein Schlafwagen,
Platzkarten gibt's bei der Taufe.
Kurze Kontrolle: Erstkommunion
und Beichte. Dann ist Ruhe,
man kann sich's gemütlich machen.
Hauptsache,
der da vorn in der Lok wacht,
der macht es schon, da
braucht man sich nicht drum kümmern.

Gleichmäßig hört man es
rumpeln bei der Fahrt,
das ist der Fortschritt.
Die Schaffner versehen diskret
ihren Dienst, hauptamtlich,
mit Taschenlampen,
dafür werden sie bezahlt.
Erfrischungen werden angeboten
von ehrenamtlichen Helfern,
nein danke, nicht nötig.

Spät in der Nacht
geht kurz das Licht an im Abteil.
Ein Konvertit oder so was
sucht einen Platz,
geht's nicht auch leiser?
Irgendwann hält der Zug auf einer
Station. Verschlafen fragt einer,
wo wir gerade sind. Ach,
schon im 20. Jahrhundert?

Kurzes Erwachen allerseits
bei der Zollkontrolle,
bitte die Ausweise!

Wenn der Zug ankommt, sind wir
am Ziel. Alles aussteigen!
Sind wir im Himmel?

Aktion

„Sollen wir gehen und das Unkraut ausreißen?“

Mattäus 13, 24–30

Also, Leute, jetzt gehen wir mal ran.
Projekt: Eine Gemeinde,
die endlich diesen Namen verdient.
Also, das ist doch ganz einfach:
Erst mal die Karteileichen raus,
die bloßen Taufscheinchristen,
die Passiven, als nächstes alle,
die in ungültiger Ehe leben
und die ihre Kinder nicht taufen lassen,
die nicht in die Messe gehen
und sich nirgends engagieren.
Anschließend werden wir uns
mal den Rest genauer ansehen,
das wär' ja gelacht!

Anpassung

„Ihr seid von dieser Welt ...“

Johannes 8, 23

Die Menschen, das ist bemerkenswert,
gleichen immer mehr
den Schaufensterpuppen.
Kein Wunder,
daß die Schaufensterpuppen
immer lebensechter aussehen.

Die eigenen Meinungen, die man
auf den Partys hören kann,
stammen aus dem Fernsehen.
Kein Wunder,
daß das Fernsehen genau
der Meinung der Leute entspricht.

Die Touristen knipsen
immer dort, wo die Landschaften
den Ansichtskarten gleichen.
Kein Wunder,
daß die Natur die Reisenden
fast ein wenig enttäuscht.

Und was die Christen angeht,
so machen sie sich kaum
noch irgendwo bemerkbar.
Kein Wunder,
daß die Schlagerbranche
sich der Wunder annimmt.

Kirche von morgen

„Da brachte man Kinder zu ihm, daß er sie segne ...“
Markus 10, 13–16

Die Kirche, denk' ich plötzlich,
wird einmal
die Kirche dieser Kinder sein:

Holger, mit seinen tintenverschmierten Fingern,
der immer recht haben muß.
Christian, der so gerne bunte Märchen malt
und nicht rechnen kann,
aber Geschichten erzählen.
Isabel, mit den dunklen Augen, die kaum je
etwas sagt, aber immer will sie neben mir sitzen.
Michael, der Bastler, der in allem seine Nase hat
und später Autos bauen will.
Cornelia, die behauptet, daß Gebete
immer in Erfüllung gehen,
Schwimmen ist ihr Hobby.
Sabine, die Vergeßliche, alle Tiere hat sie gern,
außer Spinnen, die Mutter hat ihr
Ballett verordnet.
Tim, der Sportsmann, er kann wirklich alles,
so stark ist er, nur lesen mag er nicht.
Ich sehe sie vor mir, alle diese Kinder,
die größer werden und schon bald
erwachsen sind.
Morgen werden sie die Kirche sein.

Ja, die Kirche, denk' ich,
wird einmal
die Kirche dieser Kinder sein.

Die Baustelle

„Auf diesen Felsen . . .“

Mattäus 16, 18

Hier wird gebaut: Eine Kirche.
Baustelle der Zukunft.
Schauplatz kommender Ereignisse.

Ungefugte haben Zutritt.
Niemand ist an der Leine zu führen.
Spielende Kinder sind erwünscht.
Es darf gelacht werden.
Bürger, entfaltet eure Anlagen.
Das Betreten des Rasens
ist angeboten.

Hier wird gebaut: Eine Kirche.
Baustelle der Zukunft.
Schauplatz kommender Ereignisse.

„Da stieg Petrus aus dem Boot . . .“

Mattäus 14, 30

Für das Glaubensseminar
„Über Wasser wandeln –
Glaube, der trägt“
haben sich einundsiebzig
Teilnehmer gemeldet. –
Fünf Abende, mit
praktischen Übungen,
dem Thema entsprechend,
im Städtischen Schwimmbad.
Leider
muß das Seminar ausfallen.
Nicht wie sonst
mangels Beteiligung –
nein,
es hat sich kein Lehrer
gefunden.

Zweierlei

„Er begann unterzugehen und schrie: Herr, rette mich!"

Mattäus 14, 25–33

Natürlich gibt es gewisse Unterschiede.
Nehmen wir ein Beispiel:

„Sich über Wasser halten"
und
„Sich über Wasser unterhalten".

Das hat soviel
miteinander zu tun
wie der Aufschrei des Herzens
„Herr, hilf mir!"
mit der Diskussion darüber,
ob es einen Gott gibt.

Die Nöte

„Als Jesus ihn dort liegen sah . . .“

Johannes 5, 5–9

Aus der Not
eine Tugend machen . . .

O sende, Herr, uns eine Not,
wir bitten dich, erhöre uns,
damit wir eine Tugend
daraus machen.

Seht euch nur um,
so spricht der Herr:

An Not ist wohl kein Mangel,
sie wäre, mein' ich,
eurer Tugend wert.

Der Ernstfall

„Meister, welches Gebot ist das wichtigste? . . .“

Mattäus 22, 36–40

Der
mir immer sagte:
„In die Kirche gehn, Herr Pfarrer,
das ist nicht so wichtig, die
Hauptsache ist Nächstenliebe,
Engagement, will ich mal sagen,
wenn Sie wissen, was ich meine . . .“

Der
engagierte sich halt leider nicht,
als in der Nachbarschaft zu helfen war.
„Da sollen erst mal andere,
vielleicht auch das Sozialamt,
meinetwegen, aber das ist nicht mein Bier,
wenn Sie wissen, was ich meine . . .“

So
mußte ich halt wieder jene
lieben Leute freundlich bitten,
die immer in die Kirche rennen,
wie ihr sagt. O ja,
das möchte ich hier einmal
klar bezeugen: Die halfen immer,
wo es nötig war, in Gottes Namen,
und wenn Sie wissen, was ich meine . . .

Der Unfall

„Wer von diesen dreien? . . .“

Lukas 10, 36–37

Drei kamen vorüber
an der Unfallstelle,
an dem wimmernden Mann
in seinem Blut.

Der erste schaute weg
und sagte voller Mitleid:
Schrecklich, dieser arme Mensch!

Der zweite, der vorüberkam,
fand Nächstenliebe durchaus richtig,
jedoch in diesem Fall nicht ratsam,
denn es konnte eine Falle sein.

Der dritte schimpfte: Ausgerechnet!
und fluchte: Gottverdammter Mist! –
Doch half er dann, so gut er konnte.
Worüber, mein' ich,
einmal nachzudenken ist.

Wer ist denn mein Nächster?

Lukas 10, 30–37

Was ich suche,
dachte der junge Mann,
das ist ein Mensch, ein Nächster,
aber ein richtiger,
für den ich mich engagieren kann.

Nicht so einer wie mein Vater,
dieser verknöcherte alte Trottel
mit seinen sogenannten Erfahrungen
und seinem engen Horizont.
Oder die Mutter, diese beschränkte
dumme Kuh, die nicht wagt,
sich endlich zu emanzipieren.
Erst recht nicht die Oma,
überhaupt keiner aus dieser
ganzen beschissenen Familie ...

Nein, schon was Richtiges,
ein Strafentlassener zum Beispiel,
ein Drogenabhängiger oder ein
echt Ausgebeuteter aus der Dritten Welt,
zur Not auch ein Gastarbeiter
oder so was, halt einer, für den man
sich engagieren kann ...

Mit solchen Gedanken beschäftigt,
ging er an einem älteren Herrn vorbei,
sah ihn und dachte: Auch so einer,
der von allem keine Ahnung hat!
Und wußte nicht, daß der, als Lehrer,
wie schon so oft auch heute wieder
gefallen war buchstäblich unter Räuber.
Und ging vorbei und suchte weiter
nach einem Nächsten, dem er
endlich helfen könnte.

An Ort und Stelle

„Geh hin und tu desgleichen! ...“

Lukas 10, 30–37

Mit dem Bus vorüberfahrend,
sehe ich sie stehen
neben der Straße, die von
Jerusalem nach Jericho führt:
die Sektierer, die Bibelforscher,
die das alles wörtlich nehmen,
dieses: Geh hin und tu desgleichen!
Und die da warten, hier
an dieser Straße, nirgends sonst,
ob nicht doch einer wieder mal
unter die Räuber fällt,
daß sie ihm helfen,
so wie es geschrieben.

Aber die Räuber bleiben aus,
es sind halt auch nicht mehr die alten.
Ein Priester kommt vorbei,
Tourist aus Buffalo in USA,
und will nach Jericho.
Zwei Kameras hat er dabei.
Ein anderer geht neben ihm,
ein Israeli, Fremdenführer,
gebürtig aus dem Stamme Levi,
sagt er, und also ein Levit.
Und das ist auch schon alles.

Ja, heutzutage ist es schwierig,
die Nächstenliebe auszuüben,
so wie es geschrieben.
Als dann die Sonne untergeht,

setzen die meisten sich in ihre Wagen
und fahrn davon, denn morgen
ist ja immer noch ein Tag.
Nur einen seh' ich, der will bleiben:
Richtige Räuber, sagt er,
kommen immer nachts.

Andere Zeiten

„Schließlich kam ein Samariter des Weges ...“

Lukas 10, 30–37

Also ich finde: Der arme Kerl
hat ausgesprochen Schwein gehabt:
schon der dritte, der vorbeikam, half.

Als ich neulich eine Panne hatte,
hielt erst der siebenundzwanzigste.
Na ja, so ändern sich die Zeiten.

Die Probleme sind gelöst

„Ein Mann ging von Jerusalem nach Jericho und fiel unter die Räuber."

Lukas 10, 30–37

Bei uns gibt es keine Räuber mehr:
die wurden resozialisiert.

Bei uns gibt es keine Überfälle mehr:
das Eigentum wurde abgeschafft.

Bei uns gibt es keine Reisenden mehr:
das Verlassen der Städte ist verboten.

Bei uns gibt es keine Priester und Leviten mehr:
die wurden einer nützlichen Arbeit zugeführt.

Bei uns gibt es auch keine Samariter mehr:
alle Hilfe ist Sache des Staates.

Bei uns gibt es keine Nächstenliebe mehr:
nur noch sozialistische Solidarität.

Bei uns gibt es deshalb kein Evangelium mehr
und keinen Jesus: wozu auch?

Zum Jahr des Kindes

„Ein Geschrei war in Rama zu hören, Weinen und Klagen. Rachel weint um ihre Kinder ...“

Mattäus 2, 16–18

Ein kinderfreundliches Land:
eigene Kinderspielplätze
und Kindersendungen im Fernsehen,
Kindertheater und Kinderschokolade
und die neuesten Kindermoden
für die Wunschkinder.

Unerwünschte freilich
werden dienstags und donnerstags,
weil unzumutbar ihren Eltern,
legal und auf Schein im
Krankenhaus drüben beseitigt.
Vielleicht hätten sie gerne gelebt ...

Doch ist die Mehrheit nicht dafür
in unserm Volk, und die Regierung,
welche volksverbunden, die macht ein Gesetz.
Es darf halt hierzulande
nur Wünsche äußern,
wer ein Wunschkind ist.

Demonstrationen

„Wer ein solches Kind um meinetwillen annimmt ...“

Markus 9, 37

Heute demonstrieren sie
mit Sprechchören und Spruchbändern

für Spielplätze und Spielstraßen und
Lebensraum für die Kinder.

Gestern haben sie demonstriert
mit Sprechchören und Spruchbändern
für Abtreibung und Lust statt Last
gegen ungewünschte Kinder.

Seltsam, daß die Meinungen
so verschieden sind.
O nein, es sind die gleichen Leute,
genau die gleichen, die da demonstrieren.

Sprühschrift

„Es wird mancher falsche Messias und mancher falsche Prophet auftreten . . .“

Markus 13, 22–23

So oder so, die Erde wird rot –
schrieben sie in Sprühschrift und
frei nach Biermann
mit riesigen roten Buchstaben
an die weiße Wand der Kirche.

Verzeiht, wenn mir Hitler einfällt:
So oder so, das sagte der immer.
Aber der Biermann
und auch der Schmiermann
wissen das nicht.

Es schämt sich die Erde,
die Erde wird rot.
Doch die so was schreiben,
die werden nicht rot.

Anzeichen

„Laßt euch nicht erschrecken, so muß es kommen ...“
Markus 13, 7

Trau nicht dem Trost
und dem Schein, denn der trügt.
Laß dich nicht täuschen,
denn glaub mir, es kommt
keine bessere Zeit.

Was heute geschieht, fernab irgendwo,
was du liest, unbeteiligt
früh in der Zeitung,
morgen wird es geschehn,
verlaß dich darauf, bei uns
und hier und mit dir.

Denk an die Blicke der Kinder
und ihr Geschrei gestern im Park,
wie sie zielten, peng, peng,
Haß in den Augen,
auf die Passanten.

Du bist gewichen der Rotte
halbwüchsiger Schüler,
nur so zum Spaß sahn sie dich an,
schnitten den Weg ab,
kreisten dich ein und
zückten die Messer.

Und dein Telefon, sag,
schrillte es nicht letzte Nacht,
wie schon so oft,
und der Anrufer
gab sich nicht zu erkennen?

Der Besuch

„Es kommt die Stunde ...“

Johannes 16, 32

Zwei Fremde fand ich
in meiner Wohnung.
Sie hatten ihre Stiefel
auf meinen Tisch gelegt,
spielten meine Schallplatten,
tranken meinen Wein
und lasen meine Briefe.
Sie trugen meine Kleider,
spielten mit meinem Hund,
sie lachten mein Lachen.

Was dich verrät

Mattäus 26, 73

Du bist auch einer von denen,
die zu Jesus gehören.
Deine Sprache verrät dich,
dein Lächeln,
die Leichtigkeit, mit der du
Undenkbares denkst,
Unsagbares sagst und
Ungewöhnliches tust.

Aber auch die
seltsame Manie, dich einzusetzen,
andern zu helfen.
Deine Wahrheitsliebe,
deine spürbare Unruhe,
wenn einer in Not ist,

dein Hunger und Durst
nach Gerechtigkeit.

Dieses unerklärliche Vertrauen,
das dich trägt, der Friede,
der von dir ausgeht.
Wie wenn du etwas siehst,
was wir gewöhnlichen Sterblichen
nicht sehen,
ach, nicht einmal ahnen.

Ecce homo

„Seht den Menschen! . . .“

Johannes 19, 5

Seltsam,
wie die Wörter sich finden,
wie sie sich reimen auf wen oder was:

Haß reimt sich auf Spaß,
Liebe auf Triebe, doch auch auf Hiebe.
Herz, das ist Scherz oder Schmerz.
Brot ist die Antwort auf Not
und auf den Tod.
Gott, ach so nahe dem Spott
oder dem Trott, und Gemeinde
reimt sich auf Feinde.

Aber Mensch, darauf
kann ich mir nie einen Reim machen.

Die Kreuzigung

„Sie höhnten: Steige er doch herab, dann wollen wir an ihn glauben!“

Mattäus 27, 42

Der-da-oben
wollte ein Beispiel geben,
aus Liebe, sagt er – und ist
Der-da-unten geworden.

Seine Gefühle in Ehren,
aber wo kämen wir hin . . .
man kann doch nicht einfach
alles auf den Kopf stellen!

So haben wir die Sache
wieder in Ordnung gebracht, haben ihn,
Den-da-unten, am Kreuz erhöht,
in den Himmel erhoben.

Es war nicht ganz einfach.
Jedenfalls ist er nun wieder da,
nämlich oben, wo er hingehört,
Der-da-oben.

Vorsorge

„Jesus wußte, daß alles vollbracht war . . .“

Johannes 19, 28–30

Wir haben ihn
festgenagelt
auf seine Versprechungen.

Ein Kreuz, ein Hammer
und vier dicke Nägel,
das genügt.

Nun muß er
sein Versprechen halten,
uns zu retten.

„Die Osterbeichte"

„Hinter verschlossenen Türen . . ."

Johannes 20, 19–23

Die letzte Beichte war im Mai
vor zweiundfünfzig Wochen,
was soll ich beichten? Einerlei,
ich hab' ja nichts verbrochen.

Ich hab' noch keinen umgebracht,
ich habe nicht gestohlen,
an Sex, da hab' ich nie gedacht,
der Teufel soll mich holen.

Ich sage nie ein böses Wort,
hab' keinen je betrogen,
ich plante niemals einen Mord
und hab' noch nie gelogen.

Und sollte sonst noch etwas sein,
was ich vergaß zu nennen,
so schließe ich es jetzt mit ein. –
Das wollte ich bekennen.

Priesterkonferenz oder die allgemeine Lage

„Wir aber hatten gehofft ...“

Lukas 24, 21

Einige von uns
haben noch nicht
resigniert,
probieren noch, setzen auf
Neuerscheinungen, auf
neue Parolen.
Hoffnung zum Beispiel,
das kommt jetzt an,
allein schon das Wort
läßt uns hoffen.

Manche gehen
entschlossen mit der Zeit,
wohin auch immer,
sind vornedran,
schreiten fort mit dem
Fortschritt, waren
schon immer dafür,
beziehungsweise dagegen.

Andere haben
die Sache durchschaut,
halten sich raus,
tun nur das Nötigste,
tauchen nicht mehr auf,
wollen keinen Ärger,
wozu auch,
das lohnt nicht.

Die meisten
lassen sich nichts
anmerken, machen weiter,
tun so als ob,
als ob nicht,
halten die Stellung,
halten sich grade.
Ernste Gesichter ringsum.
Ich frage: Haben sie
nichts mehr zu lachen?

Reden von Jesus

„Geht und sagt seinen Jüngern, daß er auferstanden ist,
er geht euch voran ...“

Mattäus 28, 7

In einer Predigt hört' ich sagen:
Jesus war ein Freund der Sünder,
der Armen, der Gescheiterten.
Er heilte die Kranken, er war
das Licht der Welt ...

Er war, er war, er war –
ist er es denn nicht mehr?

So in Vergangenheit von ihm zu reden,
wenn auch rühmend –
heißt ihn für tot erklären,
heißt leugnen, daß er auferstand
und daß er lebt und daß er ist
das Licht der Welt. Und mehr:
Er, der da war und ist,
er wird auch sein –
ich hoffe, darauf hoff' ich nicht allein!

Mein Name

„Jesus sagte zu ihr: Maria! ...“

Johannes 20, 16

Wer bin ich?
Andere
haben mich einsortiert
nach Alter und Geschlecht,
Größe, Gewicht und Haarfarbe,
Wohnort und Konfession,
Herkunft, Vorbildung und Beruf,
nach Steuerklasse und Vorstrafen,
nach Aussehen und Auskommen und
Hobbys, wie sie das nennen.

Ich bin registriert,
festgehalten in Karteien,
meine Einkünfte sind erfaßt,
meine Daten gespeichert,
meine Einstellung ist bekannt,
ich bin eingestuft,
ich lebe in Schubladen.

Du, Herr,
weißt, wer ich bin.
Du rufst mich leise
bei meinem Namen.

Die Zukunftsaussichten

„Seht, ich bin bei euch alle Tage bis zur Vollendung der Welt!"

Mattäus 28, 20

Ein Christ, katholisch, sagen wir: aus Wien,
und wenn Sie wollen prominent,
wird eines Tags befragt
nach Christentum und Kirche
und beider Aussicht für die Zukunft.

Er zuckt die Achseln, unser Christ,
und meint: Na ja, ich denk' halt immer so:

Wenn der Herr Jesus ist der Chef,
dann ist, verstehn'S,
halt ER der Chef! –

Und ist der Jesus nicht der Chef –
na ja, sag' ich, alsdann
für was reg' ICH mich auf!?

Das grosse Osterfest

„Der Herr ist wirklich auferweckt! . . .“

Lukas 24, 34

Tote Seelen werden lebendig.
Hilflose helfen, Stumme reden,
Blinde sehen Möglichkeiten.
Unbewegliche kommen in Bewegung.
Ängstliche stürzen sich in Vorhaben.
Anonyme machen sich einen Namen.
Die Passiven packen mit an.
Die mit den Ausreden reden sich Mut ein.
Unsichtbare lassen sich sehen.
Fernstehende treten näher.
Die sonst nie kommen, sind alle da.
Selbst Karteileichen werden lebendig.
Und alle feiern wir Auferstehung.

Die Freiheit

„Sie sagten: Wir sind niemandem untertan . . .“

Johannes 8, 33

Sie waren es leid,
abhängig zu sein,
die in ihren Schiffen,
zum Beispiel vom Wind,
der weht, wo er will.

So haben sie die Segel eingeholt,
die Masten gekappt,
die Tücher zerrissen.
Frei wollten sie sein.

Auch die Ruder haben sie
über Bord geworfen, den
Steuermann mit seinen Ratschlägen,
den Kompaß und sämtliche Geräte,
die sie bedienen mußten.
Frei wollten sie sein.

Niemandem untertan, keinem Kurs,
keiner Himmelsrichtung verpflichtet,
keinem Land zugehörig,
kein Hafen als Ziel. Frei.

Auch die Erinnerungen
warfen sie über Bord
und den Glauben.
Nun trieben sie endlich dahin,
unabhängig und
orientierungslos.

Aber immer noch trug sie
das Wasser.
Daß sie das nicht bedachten!?

II

Kontraste – Biblische Szenen, einmal anders gespielt . . .

Was in den Evangelien geschrieben steht, ist unerschöpflich. Unentwegt regt es an: zum Nachdenken, zum Handeln, zum Erzählen.

Und doch: Viele der biblischen Geschichten haben wir schon sehr oft gehört und gelesen. Bei den ersten Sätzen wissen wir bereits, wie es weitergeht und hören oft gar nicht mehr so recht hin. Da ist es gut, wenn uns das Allzuvertraute einmal verfremdet oder in einem unerwarteten Zusammenhang begegnet, ja wenn wir selber darangehen, andere Möglichkeiten zu entdecken, Varianten zu erfinden, wenn wir unsere ganze Phantasie spielen lassen. Nicht, weil die Worte, wie sie da stehen, uns nicht genügen, im Gegenteil: weil wir sie auf solche Weise für uns neu und unmittelbar und überraschend zum Sprechen bringen.

Von den jüdischen Weisen läßt sich der Umgang mit der Schrift lernen: „Der Schriftgelehrte ist es, der die Offenbarung nicht als etwas Einmaliges, fest Umrissenes, sondern als etwas unendlich Fruchtbares ergreift, das aufgegraben und umgegraben sein will: ‚Wende sie um und um, denn alles ist in ihr'", schreibt *Gershon Sholem*.

Ähnliches gilt von der endgültigen Gottesoffenbarung, die uns in Jesus zuteil geworden ist. Sie ist etwas Lebendiges und sie will Leben wecken. Nicht ohne Grund handelt Jesus in Zeichen. Nicht ohne Grund spricht er vor allem in Gleichnissen zu den Menschen, in Parabeln und Bildern, die mehr aussagen, als bloße Begriffe es vermögen. Sie nageln nicht fest, sie befreien, regen an, eröffnen neue Aspekte.

Die Exegeten zeigen uns, wie die junge Kirche, wie die Evangelisten überkommene Texte von ihrer Situation her verstanden, sie auf die aktuellen Fragen hin umgeformt und in neue Zusammenhänge gestellt haben. Ob man will oder nicht: Die uns vorliegenden

Evangelien erweisen sich bereits als vielschichtige Verkündigungstexte. Ähnlich handhabte es die christliche Auslegung und Predigt seither in allen Jahrhunderten.

Die folgenden Versuche sind an nüchterner wissenschaftlicher Schriftauslegung kaum interessiert, sosehr der Verfasser die Arbeit der Exegeten schätzt und für unerläßlich hält. Ihm geht es eher um die Freisetzung künstlerischer, in diesem Fall literarischer, wenn man will „blühender Phantasie", die ja in anderer Weise auch den Malern zuzugestehen ist. „Das ist der beste Redner", meint ein arabisches Sprichwort, „der die Ohren der Leute in Augen verwandeln kann." Und mir scheint, genauso hat es Jesus gehalten, wenn er Gleichnisse, Bild-Geschichten erzählte. Zuweilen heißt es dann auch, daß die Leute Anstoß nahmen. Unsere Verkündigung hat dieses Anstößige meist gemildert, entschärft, verharmlost. So haben die ursprünglich so frischen, oft schockierenden Worte Jesu mit der Zeit für uns ihre Vehemenz, ihren Stachel eingebüßt. Erst wenn man die wohlbekannten Geschichten der Evangelien von einer ungewohnten Seite her angeht, erweisen sie ihre Kraft, zeigen sie sozusagen ihre Zähne. Dann klingen sie wieder anstößig, provozierend. Etwa wenn Jesus den kommenden Erlöser mit einem Dieb vergleicht, der einsteigt in der Nacht, um zu stehlen.

Die hier nun vorgelegten Versuche — lauter Einzelstücke übrigens, jedes für sich zu nehmen — sind aus Meditationen über Texte des Evangeliums entstanden. Da haben sich die Szenen bewegt, Bilder veränderten sich zu neuen Bildern. Die Gestalten versuchten, auch einmal anders zu handeln. Sie verließen die angestammten Rollen, deuteten Alternativen an. Und das setzte die Phantasie in Gang: Ja, hätte dies oder das nicht auch anders, ungewohnt anders vor sich gehen können? Wie wäre es gewesen, wenn ... Und nehmen wir einmal an, daß ...

Was mich vor allem faszinierte, war das Bemühen, mit Geschichten, Worten und Gedanken zu spielen. Diese ungeheure und lebenswichtige Sache aus dem Altgewohnten, Oftgesagten, Selbstverständlichen herauszulösen, die verborgenen Möglichkeiten zu entbinden, neue Bilder sichtbar zu machen, Kontraste, Alternativen, andere Zusammenhänge zu entwickeln. Nicht um billiger Sensation willen, sondern um mit Hilfe solch ungewohnter Zugänge den heiligen unantastbaren Text selber wie neu zu entdecken; ihn gerade aus dem Kontrast heraus zur Geltung zu bringen. Deshalb wollen diese Versuche immer dazu einladen, abschließend das ursprüngliche Evangelium zu lesen.

Die lange Reise

Wer weiß, vielleicht sind sie noch immer unterwegs, hinter dem Stern her, wie Legenden halt so spielen, und kommen erst heute an ...

Mattäus 2, 1–12

Am Anfang hatten sie den Stern noch gesehen, das stand fest. Sie hatten sich dessen gegenseitig immer wieder versichert seither auf dem langen Weg: Da war doch ein Stern? fragte einer die andern beiden. Ja, da war ein Stern, bestätigten sie, wir haben ihn gesehen. Und zog er nicht vor uns her? Ja, nickten sie, und wir folgten ihm. Aber das war vor vielen Jahren, wenn Jahre das rechte Wort dafür ist. Jetzt sahen sie den Stern nicht mehr. Es war wohl schon lange her, daß er ihnen erschienen war. Aber sie zogen weiter in der einmal eingeschlagenen Richtung. Ursprünglich waren sie übrigens zu sechst, als sie fortzogen. Aber irgendwie und -wo hatten sie die andern drei aus den Augen verloren. Allein waren sie weitergezogen, durch Wüsten und Gebirge, nun schon so viele Jahre lang ...

Als sie dann eines Tages an die Tore einer großen Stadt kamen, sahen sie seltsam gekleidete Menschen, die sie verwundert anstarrten und in einer fremden Sprache zu ihnen redeten. Schließlich konnten sie sich einem von ihnen verständlich machen. Man führte sie in ein Haus. Bald erschienen weise Männer, die man ihnen als Exegeten vorstellte, was wohl so etwas wie Schriftgelehrte bedeutete. Da erzählten sie denn von dem Stern, der ihnen erschienen war, das war lange her, und sie fragten, wo der neue König denn geboren werden solle. Die weisen Männer hinter den Büchern schienen verwirrt: Das ist doch alles fast zweitausend Jahre her? sagten sie zueinander, außerdem handelt es sich eindeutig um Legenden. Aber die Reisenden beharrten darauf, man solle den Ort nennen, wo der König geboren worden sei, damit sie ihm huldigten.

Zu Betlehem, sagte einer der Gelehrten schließlich, so steht es geschrieben. Doch ein anderer schüttelte den Kopf, ein wenig mitleidig, so wollte es ihnen vorkommen, und sprach von Nazaret: das sei seine Stadt, und dort sei er wohl auch zur Welt gekommen. Ein dritter nannte auch Kafarnaum am See. Doch da die Schriftgelehrten sich nicht einig werden konnten und über die rechte Antwort sogar untereinander in Streit gerieten, beschlossen die drei Reisenden, zuerst nach Betlehem zu gehen, zumal es, wie sie hörten, nicht weit entfernt lag.

Und sie sahen dort über einem Platz wirklich einen helleuchtenden Stern. Da freuten sie sich, denn er erinnerte sie an den Stern, dem sie gefolgt waren. Man wies sie in ein hohes Haus und führte sie in einen unterirdischen Raum, in dem viele Lampen brannten, und zeigte ihnen einen silberglänzenden Stern auf dem Boden. Hier war es, sagte man, genau hier. Aber ein Kind fanden sie nicht, keinen neugeborenen König. Da kamen sie überein, nach Nazaret weiterzuziehen, dem anderen Ort, den man ihnen genannt hatte. Aber wie man hört, sind die seltsamen Reisenden dort nie angekommen.

Junger Ruhm

Sozusagen die erste Predigt, die Jesus hielt. Sie war kurz, erstaunlich kurz, und doch ...

Mattäus 4, 17

Jesus verließ Nazaret, um in Kafarnaum zu wohnen, das am See liegt. Und er begann zu predigen: „Kehrt um", rief er, „denn das Himmelreich ist nahe!" – Mehr hat Mattäus von der ersten Predigt nicht aufgeschrieben, nur diesen einzigen Satz. Auch wie der auf die Hörer wirkte, ob diese Predigt sozusagen ankam bei den Leuten, darüber berichtet Mattäus zunächst nichts. Doch ist ein paar Verse weiter zu lesen, daß Jesus fortan in ganz Galiläa umherzog und in den Synagogen lehrte. Es scheint, man war angetan von dem jungen Prediger, man wollte ihn offenbar überall hören. Womöglich war sogar der Synagogen-Vorsteher beeindruckt und erzählte den Amtskollegen in anderen Gebetshäusern von ihm.

„Stell dir vor", mag er gesagt haben, „da ist bei uns am Sabbat im Gottesdienst ein junger Mann aus Nazaret aufgetreten, ein Zimmermann eigentlich, also keiner vom Fach. Der hat im Grunde nur einen einzigen Satz gesagt, aber die Leute waren hingerissen. So etwas habe ich noch nicht erlebt. Bei uns predigt man ja gewöhnlich eine viertel oder halbe Stunde lang. Und wir sind schon ganz stolz, wenn uns einmal einer sagt – selten genug kommt das ja vor –, daß es heute eine schöne Predigt war. Das ist aber auch schon alles. Und da kommt nun so ein Anfänger daher und sagt nicht viel mehr als einen einzigen Satz. Gar nichts Neues eigentlich, aber die Leute sind aus dem Häuschen! Ich habe den jungen Mann übrigens nachher gefragt, warum er nur diesen einzigen Satz gesagt habe. Weißt du, was er geantwortet hat? ‚Das genügt doch', hat er mir gesagt, ‚sollen die Menschen doch erst einmal diesen einen Satz hören und beherzigen. Alles andere kommt dann von selbst!' Natürlich ist das ein starkes Stück, aber im Grunde hat er recht. Nun ja, am besten lädst du ihn einmal ein, am nächsten Sabbat bei euch in der Synagoge zu predigen. Interessant wird es auf jeden Fall!" —

Ja, so etwa könnte es vor sich gegangen sein. Es wäre eine Erklärung dafür, warum Jesus bald überall in den Synagogen Galiläas auf der Kanzel stand und redete.

Der Misserfolg

Lukas 5, 4–11

Wenn Wunder geschehen, ist das Glauben leicht. Aber es geschehen nicht immer Wunder. Ich möchte sogar annehmen, auch damals, in der Zeit Jesu, haben sich nicht jeden Tag Wunder ereignet. Das ist freilich nur eine Behauptung, aber nehmen wir einmal an, so manche Sache hätte sich doch ein bißchen anders abgespielt . . .

Als Jesus seine Rede beendet hatte, sprach er zu Simon und seinen Gefährten: „Fahrt nun hinaus auf die See und werft dort eure Netze zum Fange aus!" — Simon, der ein Fischer war und also wohl wußte, daß sich die Fische in der prallen Sonne des Tages am Meeresgrund aufhalten und das Fischen darum nur in der Nacht einen Sinn hat, wandte ein: „Entschuldige, Meister, wir waren die ganze Nacht an der Arbeit und haben doch nichts gefangen. Aber auf dein Wort hin will ich die Netze noch einmal auswerfen!" (Obwohl es wenig Sinn hat, wollte er noch sagen, aber er behielt es lieber für sich.) —

Sie fuhren also aus, aber sie fingen keinen einzigen Fisch. Leer zogen sie ihre Netze aus dem Wasser. Da sagte Simon zu seinen Gefährten: „Ich habe es gewußt, natürlich. Aber es heißt wohl auch: Selig sind, die nicht sehen und dennoch glauben. Und die das Netz auswerfen zu jeder Zeit, auch wenn sie keinen Erfolg sehen." – Und zu Jesus gewandt: „Hab' ich recht, Meister?" – Jesus sprach zu ihm: „Selig bist du, Simon, Sohn des Johannes, denn nicht Fleisch und Blut haben dir das geoffenbart, sondern mein Vater im Himmel hat es dir eingegeben. Und ich sage dir: Du bist der Petrus, ein Fels, du hast erkannt, daß nicht der Erfolg zählt, sondern der Glaube, auch im Mißerfolg, und die immer neue Bereitschaft, das Netz auszuwerfen. So stärke nun deine Brüder!" Und er sprach zu Simon und seinen Gefährten: „Von jetzt an werdet ihr eure Netze auswerfen, um Menschen zu fischen für Gottes Reich!"

Lukas 4, 42

Das Wort „Gemeinde“ wird heute großgeschrieben. Leider war man damals noch nicht so weit. Vielleicht hätte selbst der Herr noch etwas von uns lernen können. Man sollte die Sache einmal ganz ernsthaft betrachten . . .

Als der Tag anbrach, verließ Jesus die Stadt und ging in eine einsame Gegend. Doch die Leute suchten nach ihm. Und als sie ihn entdeckt hatten, baten sie ihn eindringlich, sie doch auf keinen Fall zu verlassen. Er aber antwortete: „Ich bin ja eigentlich gesandt, um auch all den anderen Städten ringsum das Evangelium zu verkünden, ehe ich nach Jerusalem ziehe. Doch da ihr mich gar so sehr bittet, will ich zunächst in eurer Stadt bleiben. Warum auch nicht? Wir wollen hier einmal eine richtige Modellgemeinde aufbauen!" Da freuten sich die guten Leute, und sie fragten sogleich, was sie nun unternehmen sollten. „Sprich, Meister, wir hören!" sagten sie eifrig, „und was immer du vorschlägst, wir werden es tun!" –

Nun haben es bedauerlicherweise sämtliche Evangelisten versäumt, uns Näheres über die Ratschläge Jesu in diesem konkreten Fall mitzuteilen. Schade, aber da wir heute ja wissen, wie man es anfangen muß, können wir uns denken, wie die Sache angegangen wurde, etwa so: „Also", mag er gesagt haben, „zuerst müssen wir dafür sorgen, daß die Menschen miteinander in Kontakt kommen. Kontakte, das ist überhaupt das Wichtigste. Sie müssen sich untereinander besser kennenlernen. Das dürfen wir freilich nicht dem Zufall überlassen, nein, das muß ganz planmäßig vor sich gehen. Und deshalb müssen wir selbst uns zuerst ein genaues Bild der Lage machen." — „Jawohl", riefen einige begeistert, „eine Situations-Analyse, das ist es, was wir brauchen!" — „Als nächstes", so mag Jesus weitergesprochen haben, „müssen wir selber die Menschen kennen ..." — „Eine Kartei muß her", rief einer und schlug gleich vor: „Wir werden eine Kartei anlegen, besser mehrere, nach Straßen, nach den Namen, nach Alters- und Berufsgruppen. Nur so ist es möglich, die Leute gezielt anzusprechen. Wir veranstalten dann eine Umfrage nach den Bedürfnissen und Erwartungen. Wenn wir die ausgewertet haben, gehen schriftliche Einladungen an die einzelnen Zielgruppen." — „Dazu", rief ein anderer, „eine gut gemachte Werbung. Und Hausbesuche durch freiwillige Helfer!" — „Großartig", fanden alle, „und was schlägst du weiter vor, Herr?" — „Wir wollen darangehen, den Menschen die frohe Botschaft zu verkünden!" sagte Jesus. „Genau das", riefen einige, „wir müssen attraktive Veranstaltungen anbieten für die einzelnen Zielgruppen, also Kindernachmittage, Zusammenkünfte der Jugend, Elterngespräche, Seniorentreffen, Familienausflüge und so weiter!" — Jesus erwähnte noch einmal die Botschaft, sie müßte doch im Mittelpunkt stehen, die Menschen hungerten danach ... „Natürlich", nickte einer, „zuerst kommt das, was die Leute wünschen. Da haben wir ja das, was sie bei der Umfrage angekreuzt haben: Gymnastik, Basteln, Meditation, Kochkurs, Erziehungsberatung, Film-Diskussionen und so fort. Vielleicht sammeln wir schon einmal weitere Ideen, was wir anbieten können?" — Ja, das war ein Programm. Das hatte Hand und Fuß. Und sie schrieben auf, was sie sonst noch alles zu tun gedachten: Fastnacht, Martinszug und Christbaumversteigerung, um nur einiges zu nennen. Alle waren sie begeistert, sie gründeten Komitees und Ausschüsse, die alsbald ans Werk gingen und Vorsitzende wählten. Und was sie auch taten, es blühte auf und brachte Frucht, dreißig- und hundertfach. Was bei einem solchen Plan und unter den damaligen Verhältnissen ja nicht verwunderlich war.

Und Jesus? Er tat, was er konnte, mehr als das. Doch weil halt so vieles zu organisieren war, blieb ihm für seine ursprüngliche Absicht, weiterzuwandern, einfach keine Zeit. Selbst für den Gang nach Jerusalem, zum Leiden, der eigentlich vorgesehen war, ließ sich beim besten Willen kein geeigneter Termin mehr finden. Dafür entstand in Kafarnaum eine vielbewunderte Mustergemeinde, zu der die Menschen von weither strömten, um Anregungen zu empfangen und zu lernen, wie man es macht.

Die Aussaat

Markus 4, 1–9

Die Gleichnisreden Jesu sind unerschöpflich. Immer wieder kann man Neues darin entdecken ...

Jesus sprach viel in Gleichnissen zu den Leuten. Einmal sagte er: „Stellt euch einen Sämann vor. Der ging eines Tages auf sein Feld, und er begann zu säen. Von den Saatkörnern fiel nun ein Teil auf den Weg. Da kamen die Vögel und fraßen, was er ausgesät hatte. Ein anderer Teil fiel auf felsigen Grund, wo es nur wenig Erde gab. Als die Sonne herniederbrannte, verdorrte alles, was aufgegangen war, denn es hatte keine Wurzeln. Wieder ein anderer Teil geriet unter die Dornen, die mächtig aufwuchsen und die Saat erstickten. Ein anderer Teil der Körner schließlich wurde auf guten Boden gestreut. Da ging die Saat auf und brachte reiche Frucht, dreißigfach, sechzigfach, ja hundertfach!" –

Da meinte einer von denen, die zugehört hatten, nachdenklich: „Wenn ich den Sinn dieses Gleichnisses richtig verstanden habe, dann sind wir es, die säen. Und das Gleichnis ermahnt uns, darauf zu achten, daß der Same nur auf gute Erde fällt. Wer also sät, darf die Saat nicht auf den Weg streuen, wo sie zertreten oder von den Vögeln weggepickt wird. Auch steinigen felsigen Boden soll er meiden, wo die Sonne ja die junge Saat alsbald verdorren läßt. Und schließlich hat er darauf zu achten, daß nichts dorthin fällt, wo sich Dornen zeigen und die Saat womöglich ersticken. Nein, er muß sehr sorgfältig sein und nur dort seine Saat aussäen, wo ein wirklich guter Boden ist. Das soll wohl heißen: Der Same, das ist das Wort Gottes, und wer es verkündet, soll es nur zu wirklich guten Menschen sagen, die auch eine Gewähr dafür bieten, daß es bei ihnen Frucht bringt!" –

Da sah Jesus ihn an und sagte: „Woher weißt du, was das ist: Saat und Weg, Sonne und Stein, Vögel und Dornen? Und was das ist: ein guter Boden? Nein, ich sage dir: Säe den Samen des Wortes Gottes überallhin, dann wirst du sehen, was geschieht. Denn durch die Dornen führt ein Weg, Steine werden zum Ackerboden, und die Wüste wird zum blühenden Garten! Wer Ohren hat zum Hören, der höre! Und wer ein lebendiges Herz hat, der bewahre das Wort, damit es seine Frucht in ihm bringe hundertfach!"

Die Feinde

Mattäus 5, 43–48 und 10, 17–22

Neulich hörte ich in einer Predigt sagen: Jesus will, daß wir alle Freunde sind. Das klingt gut und irgendwie stimmt es auch, aber so einfach ist das gar nicht . . .

Und Jesus sprach: „Ihr habt gehört, daß seit Mose als Gesetz gilt: ‚Du sollst deinen Nächsten lieben. Das heißt aber: deinen Feind magst du hassen.' Ich aber befehle euch: Zeigt euren Feinden, daß ihr sie liebt, betet zu Gott für die, die euch verfolgen! So werdet ihr Söhne eures Vaters im Himmel. Denn er läßt seine Sonne ja für Böse und Gute scheinen, und er läßt regnen auf Gerechte und Ungerechte. Denn wenn ihr nur die liebt, die euch lieben, was erwartet ihr da Besonderes dafür? Das tun ja sogar die Gauner am Zoll."

Da sagte einer der Jünger nachdenklich: „Du sprichst von Feinden. Aber ich habe eigentlich gar keine Feinde. Wenigstens kenne ich keinen. Ich bin zu allen freundlich und suche keinen Streit. Wie soll ich da Feinde haben?"

Da blickte Jesus ihn an und sprach: „Wenn du dich zu mir bekennst, wenn du anfängst zu tun, was ich dir sage, dann wirst du deine Feinde bald gar nicht mehr zählen können. Dann wirst du von allen gehaßt werden, weil du meinen Weg gehst. Deshalb rate ich euch: Nehmt euch in acht vor den Menschen! Man wird euch vor die Richter schleppen, die in den Synagogen Gericht halten. Man wird euch ins Gefängnis werfen, weil ihr zu mir gehört. Den Königen und Machthabern werdet ihr gefährlich, und sie lassen euch vorführen. Einer wird den andern verraten. Euer eigener Bruder wird euch ans Messer liefern und euer Vater. Die ganze Verwandtschaft, eure eigenen Kinder, ja eure besten Freunde werden gegen euch sein und euern Tod fordern. Und einige von euch wird man hinrichten. Ja, ihr werdet bei allen Menschen verhaßt sein, weil ihr meine Botschaft in die Welt ruft. Sie werden euch ganz genauso zusetzen, wie sie mich verfolgt haben. Ja, wer euch getötet hat, ist noch stolz darauf, weil er glaubt, damit hat er Gott selber einen Dienst getan!" – Und er stand auf und ging weg und überließ sie ihren Gedanken.

Seltsame Begegnung

Lukas 7, 11–17

Manchmal stutzt man: Widerspricht sich Jesus nicht selbst? Wenn er ganz konsequent handelte, müßte er ... Aber es ist wohl gut, daß er, der das Leben selbst genannt wird, auch lebendig agiert und reagiert. Warum nicht auch so?

Auf seinem Weg kam Jesus auch in eine Stadt namens Nain. Seine Jünger und viele Menschen folgten ihm. Als er in die Nähe des Stadttores kam, trug man gerade einen Toten heraus. Er war der einzige Sohn seiner Mutter, und die war eine Witwe. Mit ihr gingen viele Leute aus der Stadt im Trauerzug.

Da sagte Jesus zu den Jüngern, die ihn fragend ansahen: „Habe ich nicht gesagt: Laßt die Toten ihre Toten begraben, ihr aber sollt mir nachfolgen?" –

Und so zogen denn die beiden Züge aneinander vorbei ohne ein Wort. Die einen gingen zu den Gräbern, die anderen ihres oder besser gesagt seines Weges.

Und man erzählte davon überall in Judäa und den angrenzenden Gegenden ...

Warum nur?

Lukas 7, 11–17 und Johannes 14, 9

Noch einmal die Szene vor dem Stadttor in Nain. Unsere Gedanken kehren zurück, beginnen die Sache noch einmal zu erzählen . . .

Auf seinem Weg kam Jesus auch in eine Stadt namens Nain. Seine Jünger und viele Menschen folgten ihm. Als er in die Nähe des Stadttores kam, trug man gerade einen Toten heraus. Und viele Leute gingen im Trauerzug mit.

Einer der Jünger Jesu erkundigte sich, wen man da zu Grabe trage. „Es ist ein junger Mann. Der einzige Sohn. Und die Mutter ist Witwe. Nun steht sie ganz allein." Und der Jünger sagte es Jesus und den anderen. Und er fügte leise hinzu: „O Herr, warum nur hat Gott, der uns Menschen doch liebt, so etwas zugelassen?"

Da sagte Johannes, der Jünger: „Wir müssen alle sterben, um verwandelt zu werden. Wir sehen jetzt nur die eine Seite, den Tod. Gott aber sieht das Ganze, und das heißt: neues Leben. Er weiß, was er tut. Ist es nicht so, Herr?"

Philippus war es, der weitersprach: „Ach, einmal, nur ein einziges Mal müßte er uns erkennen lassen, daß er nicht den Tod will und all das Leid auf der Welt." Und Philippus wandte sich an Jesus: „Herr, sagst du nicht, daß er unser Vater ist? Zeige uns den Vater. Zeige uns und der armen Frau da, daß Gott wirklich unser Vater ist, einmal nur, das genügt uns, um immer auf Gott zu vertrauen!"

Jesus sah noch immer auf die weinende Frau, und er fühlte tiefes Mitleid mit ihr. Er ging auf sie zu. „Weine nicht", sagte er und rührte die Bahre an. Da hielten die

Träger an. Und Jesus sprach den Toten an: „Junger Mann, ich sage dir, stehe auf!“ – Da richtete sich der Tote auf und begann zu reden. Und Jesus sprach zu der Mutter: „Frau, siehe da deinen Sohn!“

Da kam Furcht über sie alle, und sie begannen, Gott anzurufen und zu loben, und sagten: Gott hat sich seines Volkes erbarmt!

Jesus aber ging weiter. Und erst lange nachher sagte er zu Philippus: „Wie konntest du sagen: Zeige uns den Vater? Wer mich gesehen hat, hat auch den Vater gesehen, der mich gesandt hat.“

Daheim

Markus 6, 1–5

Der Besuch des berühmten Sohnes der Stadt war Tagesgespräch. Markus erzählt, was sich ereignet hat. Aber unsere Gedanken suchen, ob es nicht andere Möglichkeiten gegeben hätte ...

Und Jesus kam in seine Heimatstadt, und er lehrte in der Synagoge. Da fragten sich die, die seinen Worten lauschten, voll Erstaunen: „Woher hat er das alles? Was ist das für eine Weisheit, die ihm gegeben ist? Und wie sind die Wunder zu erklären, die durch ihn geschehen? Ist das denn nicht der Zimmermann, der Sohn der Maria? Leben nicht seine Brüder und Schwestern hier bei uns?" Und sie sprachen zueinander: „Welche Ehre für unsere Stadt, daß ein solch großer Mann aus unserer Mitte kommt!"

Als dann der Bürgermeister den Vorschlag machte, den berühmten Lehrer und Wundertäter zum Ehrenbürger ihrer Stadt zu ernennen, da stimmten alle begeistert zu. Sie ließen Jesus hochleben, hoben ihn auf ihre Schultern und trugen ihn im Triumphzug durch die Straßen. Und Jesus wunderte sich sehr über all das. Denn gewöhnlich findet ein Prophet überall Anerkennung und Bewunderung, nur nicht in seiner Heimat.

Der Lahme

Mattäus 9, 6

Manchmal bringen einen Kleinigkeiten, auf die man eigentlich nie besonders geachtet hat, zum Weiterdenken . . .

Als Jesus in die Stadt kam, siehe, da brachte man einen Gelähmten auf einer Bahre zu ihm. Als Jesus ihren Glauben sah, sprach er zu dem Gelähmten: „Steh auf, nimm deine Bahre und geh nach Hause!" – Da richtete sich der Lahme auf, bis er auf seinen Füßen stand. Dann rollte er seine Matte zusammen und ging davon. Und alle sahen ihm nach. Da verhielt der Geheilte mit einem Mal seinen Schritt. Er wandte sich um und kam zögernd zurück. Als Jesus ihn fragend ansah, antwortete er: „Herr, du hast gesagt: Steh auf, nimm deine Bahre und geh nach Hause. So bin ich aufgestanden und habe meine Bahre genommen. Aber wo ist mein Zuhause?" – Und er blickte die Umstehenden der Reihe nach an. Da sah ihn Jesus liebevoll an, und der Geheilte sprach: „Laß mich bei dir bleiben!" – Und so geschah es, daß er fortan mit ihnen zog, wohin sie auch gingen.

Das Fest

Lukas 5, 27–32

Jeder weiß, daß der Zöllner Levi im ersten Evangelium auch Mattäus genannt wird. Vielleicht gibt es da nicht nur zwei Namen, sondern auch zwei oder mehr Geschichten über seine Bekehrung . . .

Als Jesus weiterzog, kam er an der Zollschranke vorbei. Da sah er einen Zöllner sitzen, der hieß Levi. Und er trat auf ihn zu und sprach ihn an. „Folge mir!" sagte er. Und siehe da, der Zöllner erhob sich, ließ alles stehen und liegen und lief hinter Jesus her. So gingen sie davon, und alle Leute blickten ihnen verwundert nach. Es dauerte jedoch nicht lange, und sie sahen Levi wiederkommen. Jetzt schritt er voran, und Jesus folgte ihm mit seinen Jüngern. Was soll denn das nun bedeuten? fragten sich die Leute: Seht doch, da geht er, der Zöllner, und der fromme Meister folgt ihm auf dem Fuße. Wer bekehrt da wen? spöttelten einige. Levi aber ging weiter, an der Spitze dieses Zuges, bis er an das Haus kam, in dem er wohnte. Und mit ihm zogen Scharen von Neugierigen. Als Levi sich umdrehte und die vielen Leute sah, breitete er die Arme aus und rief: „Kommt her, meine Freunde, ihr seid jetzt alle eingeladen! Jetzt wollen wir essen und trinken und lustig sein! Freut euch mit mir, denn ich war ein kranker Mann, und jetzt habe ich den Arzt gefunden, der mich gesund machen kann! Ja, kommt herein, es ist Platz für alle!" Da drängte sich das Volk, und nicht nur die Kollegen vom Zoll, alle kamen sie herbei. Nur die frommen Pharisäer und die gelehrten Schriftausdeuter blieben draußen. Im Hause eines Sünders und unter solchem Gesindel hätten sie sich verunreinigt und gegen das heilige Gesetz versündigt.

Jesus aber scheute sich nicht. Unter den giftigen und empörten Blicken der Frommen ging er mit seinen Jüngern in das sündige Haus. „Du hast recht, Levi", sagte er wie zu sich selbst, „ich bin der Arzt, und die Leute da drinnen sind krank. Wer soll sie sonst heilen?" Und er wandte sich um zu den Frommen: „Heißt es nicht: Immer wenn ein Sünder sich bekehrt, feiern die Engel im Himmel ein Fest? Also kommt und seht, es ist alles bereit!" Als er sah, wie sie sich voller Abscheu abwandten, fügte er hinzu: „Ihr werdet es erleben: die Zöllner und die Dirnen kommen noch vor euch dorthin, wo unser Gott sein großes Fest feiert!" – Und sie nahmen Anstoß an ihm.

Die entscheidende Frage

Markus 8, 27–30

Natürlich standen die Apostel in vielem erst am Anfang. Entsprechend fielen ihre Antworten aus. Etwas dürftig zuweilen, mit Verlaub. Was hindert uns, ein bißchen nachzuhelfen?...

Als Jesus einmal in der Einsamkeit gebetet hatte und die Jünger sich wieder um ihn scharten, fragte er sie: „Für wen halten mich die Leute?" Sie gaben ihm zur Antwort: „Für Johannes den Täufer", „für einen Elija", „ja, sie sagen: einer der alten Propheten ist wiedergekommen!" – „Jedenfalls halten sie dich für einen ganz bedeutenden Menschen. Sie sagen: Jesus, das ist ein wirklich guter Mensch, ein Vorbild für alle. So ein Lehrer der Humanität wie Sokrates zum Beispiel oder

Goethe oder Gandhi, sagen sie. Manche bezeichnen dich auch als einen großen Sozialreformer ... Ein Revolutionär der Liebe, so hat dich einer genannt!" –

„Und ihr?" fragte er weiter, „was sagt ihr von mir?" Da gab Simon Petrus zur Antwort, und man merkte gleich, er hatte inzwischen seinen Rahner wohl studiert: „Du bist, wie die Kirche es gegen alle Mißbildungen und Verkürzungen besonders in Richtung auf eine bloße Gesinnungseinheit mit Gott entfaltete und zumal auf den frühen Konzilien von Ephesos und Chalkedon formulierte, die zweite Person der Heiligen Dreifaltigkeit, der Sohn des Vaters, der Logos mithin, sein göttliches Wort, das von Ewigkeit her im Besitz des vom Vater mitgeteilten einen göttlichen Wesens ist, das in der Zeit aus Maria eine menschliche Natur als vollendet eigene Wirklichkeit angenommen hat, so daß du in der Einheit derselben göttlichen Person eine göttliche und eine menschliche Natur unvermischt und ungetrennt besitzt und als derselbe also wahrhaft als Gott und Mensch zu glauben und zu bekennen bist." –

Er war ein bißchen außer Atem, der Simon Petrus, als er das gesagt hatte, aber es war ein großartiges Bekenntnis. Es schien ihm freilich, als ob Jesus ein wenig lächelte. Auf jeden Fall verbot er den Jüngern streng, dies irgend jemand zu sagen.

Das Ereignis

Lukas 8, 40–42. 49–56

Eine ergreifende Geschichte. – Aber manchmal wüßte man doch gerne, wie es dann weitergegangen ist . . .

Eines Tages, als Jesus wieder in die Stadt kam, trat ein Mann mit Namen Jairus auf ihn zu. Er war der Synagogenvorsteher am Ort. Alle sahen, wie er sich auf die Knie warf und Jesus anflehte, in sein Haus zu kommen. Sein einziges Kind, ein Mädchen von zwölf Jahren, lag im Sterben. Jesus ging mit ihm, und viele Menschen folgten ihm. Da kam ihnen einer aus dem Haus des Vorstehers entgegen mit der Nachricht: Sie ist tot. Jesus ging auf das Haus zu, und er sagte zu den Leuten, die weinten: „Weint nicht, das Mädchen ist nicht tot, es schläft nur!" Da lachten sie. Sie wußten ja nur zu gut, daß das Kind gestorben war. Er aber trat an das Lager der Toten, faßte sie an der Hand und sagte: „Mädchen, steh auf!" Da kehrte das Leben in sie zurück, und sogleich stand sie auf. Jesus ließ ihr etwas zu essen bringen. Da waren die Eltern außer sich vor Freude und Staunen. Jesus aber schärfte ihnen ein, von dem, was geschehen war, niemandem zu erzählen.

Doch natürlich sprach sich die Nachricht mit Windeseile im ganzen Ort herum. Alle kamen gelaufen. Und immer wieder von neuem wollten sie hören, wie das vor sich gegangen war. Und was sie nicht erfahren konnten, reimten sie sich selber zusammen. Am nächsten Tag wußte es die ganze Gegend. Schon am Vormittag kamen die Menschen aus allen Himmelsrichtungen in die Stadt. Sie wollten nur eines: das Mädchen sehen und das Wunder, das sich ereignet hatte, in allen Einzelheiten miterleben. Am folgenden Tag kamen

ganze Karawanen, Scharen von Schaulustigen strömten durch das Tor. Die wenigen Herbergen reichten nicht aus, die Gasthäuser waren überfüllt. Die Händler machten das Geschäft ihres Lebens, bald stiegen die Preise auf das Doppelte. Notunterkünfte wurden beschafft. Die Familien rückten zusammen, in allen Häusern wurden Zimmer zum Übernachten angeboten. Der Strom der Besucher riß nicht ab, im Gegenteil: die kleine Stadt wurde von immer mehr Fremden überschwemmt. Einheimische boten sich als Führer an und zeigten den Ort, wo Jesus gestanden und der Synagogenvorsteher ihn um Hilfe gebeten hatte. Und sie wiederholten bald zum hundertsten Mal die Worte, die dabei gesprochen worden waren. Indessen drängten sich Hunderte in der Gasse vor dem Haus des Vorstehers, und in mühsam gebildeten kleinen Gruppen traten sie hinein in das Haus, füllten die Stube und betasteten das Bett, auf dem die Tote gelegen hatte. Immer von neuem mußten der Vater und die Mutter den Hergang des Wunders erzählen. Als das Mädchen am Fenster erschien, nahm der Jubel kein Ende. In der Schule erzählte der Lehrer die wundersame Lebensgeschichte des außergewöhnlichen Kindes, und fliegende Händler wiesen Bilder vor, auf denen die Ereignisse dargestellt waren. Andenkenhändler boten Kleider an, die das Wundermädchen getragen, oder Gegenstände, die sie berührt hatte. In der überfüllten Synagoge wurden stündlich Dankgottesdienste gehalten. – Wo aber war die Hauptperson selber? Man wollte doch vor allem das Mädchen sehen, an dem sich die Totenerweckung ereignet hatte. Auf Drängen der Stadtverwaltung ließen sich die Eltern schließlich erweichen, alle Stunde das geheilte Kind den Wallfahrern zu zeigen. Ein Podium wurde gezimmert, der Lehrer gab eine Einführung, die Musikkapelle spielte, und schließlich erschien das Mädchen an der Hand seines Vaters. Das war ein Jubel! Alle wollten die Hand oder wenigstens das Kleid der Kleinen berühren. Von der dritten Woche an führte die Laienspielgruppe des Ortes auf dem Marktplatz das Wunder als

Theaterspiel auf. Es dauerte nicht lange, da wurden in der Stadt die Straßen verbreitert. Über dem Haus des Vorstehers errichtete man eine riesige neue Synagoge. Hotels schossen aus dem Boden, und an allen Straßenecken waren bald Andenkenläden zu finden. So ging es viele Jahre. Und längst war aus dem kleinen Mädchen eine Frau geworden. Selbst als sie als alte Dame vom Fenster grüßte, kamen noch immer die Besucher in Massen mit Fuhrwerken und Eseln und zu Fuß. Später waren es dann Omnibusse. Aber das hat die alte Dame natürlich nicht mehr erlebt.

Seht, ich sende euch!

Lukas 10, 1–12

Wenn man manche Leute heutzutage hört, möchte man Jesus fast für einen Revolutionär halten. Hier ein Vorschlag, wie das geklungen haben könnte. Zum Nachprüfen sozusagen ...

Jesus bestimmte noch zweiundsiebzig andere Jünger und sandte sie zu zweien vor sich her in alle Städte und Dörfer, in die er selbst kommen wollte. Und er sprach zu ihnen: „Geht, ich sende euch wie Wölfe mitten unter die Lämmer. Geht in ihre Häuser, eßt und trinkt, was ihr findet. Nehmt ihnen ihre Beutel und Schuhe ab und den ganzen Bettel und sagt zu den Leuten: Jetzt bricht die Herrschaft Gottes an! Jetzt werden die ungerechten Verhältnisse geändert! Das Reich Gottes kommt mit Gewalt, und nur wer Gewalt anwendet, reißt es an sich und verwirklicht es. Jeder soll wissen: Das ist die Revolution: Friede den Hütten, Krieg den Palästen! Wo man euch den Zutritt verweigert, laßt euch nicht aufhalten! Und wenn alles in Staub zerfällt, geht weiter euern Weg, unbeirrt! Schüttelt noch ihren Staub von euren Füßen! Und ich sage euch: An jenem Tag wird es der Stadt Sodom noch erträglicher gehen als jener Stadt!"

Die Pause

Markus 6, 30–33 und 4, 26–29

Manches ist in den Berichten der Evangelisten nur angedeutet. Man muß zuweilen ein bißchen zwischen den Zeilen lesen . . .

Die Apostel, die Jesus ausgesandt hatte, kehrten zurück und erzählten ihm alles, was sie erlebt, was sie getan und verkündet hatten. Und Jesus sprach zu ihnen: „Kommt, wir suchen nun einen ruhigen, stillen Ort, wo wir ganz allein sind. Ihr müßt euch jetzt erholen von euren Strapazen und einmal richtig ausspannen!" Denn ständig waren Menschen da, es war ein Kommen und Gehen, so daß sie nicht einmal mehr Zeit zum Essen fanden. So nahmen sie ein Boot und ruderten über den See an einen einsamen Ort, fernab von den Menschen.

Einige aber wurden schon bald ungeduldig und meinten, nun sei es genug. Man dürfe sich nicht einfach ausruhen. Lieber solle man wieder unter die Menschen gehen, es gebe so viel zu tun.

Jesus aber sagte zu ihnen: „Was wollt ihr? Jetzt atmen wir ein, dann werden wir ausatmen. Jetzt sammeln wir Kraft, dann werden wir handeln. Wenn einer gesät hat, hat er sein Werk getan. Er geht nach Hause, er schläft und steht wieder auf, Nacht für Nacht und Tag für Tag. Und auch wenn er nichts mehr dafür tut, die Saat sproßt und wächst auf, er weiß nicht wie. Ohne sein Zutun bringt die Erde ihre Frucht. Erst den Halm, dann die Ähre, schließlich das volle Korn. Dann aber, wenn die Frucht steht und reif ist, greift er zur Sichel, denn die Zeit der Ernte ist da!"

Während er so redete, atmete einer seiner Jünger tief ein vor Glück und sang: „Der Herr ist mein Hirte, es fehlt mir an nichts. Er läßt mich lagern auf grünen Auen. Er läßt mich ausruhen und führt mich zu den Quellen frischen Wassers. Er stillt all mein Verlangen, er leitet mich auf den rechten Weg. Sein Name ist Kraft." — Und so sangen sie und waren glücklich.

Wie Gott Hilfe sendet

Lukas 10, 30–37

Hinter dieser unüberbietbar schönen Beispiel-Erzählung steckt vielleicht noch mehr, als man denkt. Ein paar Möglichkeiten seien angedeutet . . .

Ein Reisender, ein Jude, muß man wissen, aus Jerusalem, war gerade im Begriff, nach Jericho zu gehen. Der Weg, das ist bekannt, galt als gefährlich. So kam es bald so, wie es kommen mußte: ein wilder Räuberhaufe tauchte auf. Sie stürzten sich auf ihn, schlugen ihn zusammen und raubten ihm die Habe und das Hemd.

Da schrie der Überfallene – denn er war fromm – in seiner Not zum Herrn und betete: „Gott meiner Väter, der du gnädig bist, gewähre Hilfe dem, der zu dir ruft in seiner Not. Oh, sende einen Bruder her, daß er mir hilft!"

Der Herr erhörte das Gebet und schaute aus, wen er nun senden könnte, um dem Verwundeten zu helfen. Und siehe da, es kam ein Priester seines Weges. Doch war der so damit beschäftigt, sein Gebet zu sagen, daß er nicht merkte, daß der Herr, sein Gott, auch ihm etwas zu sagen hatte. Geschweige denn, daß er den Auftrag auch verstanden hätte oder ausgeführt. Doch sah der Herr einen Leviten kommen. Auch das sind gottesfürchtige und fromme Leute, so dachte er vom Himmel her. Und gab dem Manne einen innerlichen Wink. Doch der Levit war so in den Gedanken beschäftigt mit der Nächstenliebe, die er in Jericho erweisen wollte seinem kranken Bruder, daß er nicht wahrnahm, was man von ihm wollte. Zwar sah er einen Mann am Weg in seinem Blut sehr nah. Doch näher steht, so dachte er, mir immer noch mein Bruder, der ist Nächster. Es tut mir leid, du Armer, ich bedaure. So sprach er und ging schnell vorüber.

Da sah der Herr noch einen dritten kommen. Der wird wohl helfen – aber ach, es war ein Samariter. Und das sagt genug. Das würde ihm der Fromme nie verzeihen, oder doch? Denn in der Not frißt selbst der –. Doch halt, nicht schlecht, so sprach der Herr zu sich; das trüg' vielleicht zum Frieden bei: Ein Samariter, der dem Juden hilft, wenn der in Not, und umgekehrt ... Das wäre neu! So lenkte Gott den Schritt des reisenden Samaritans, und hochbeglückt sah er ihn bald am Werk, dem frommen Judenmann aus seiner Not zu helfen. Der sagte später „danke schön!" und nicht nur das: Sie wurden Freunde, diese beiden. Und sind's geblieben. Gott, der Herr, ist Zeuge!

Die Rolle

Lukas 10, 30–36

Natürlich darf man die Geschichten der Bibel nicht verändern, zumal wenn es sich um klassische Beispiele handelt. Auch für die Beteiligten sind die Rollen klar, die sie zu spielen haben von alters her. Nur manchmal ...

Ein Mann war auf dem Wege von Jerusalem nach Jericho hinab, da fiel er Räubern in die Hände. Die raubten ihn aus, schlugen ihn wund und ließen ihn halbtot liegen. Den gleichen Weg kamen nun nacheinander ein Priester, ein Levit und ein Samariter vorbei und sahen ihn in seinem Blute liegen, ganz schrecklich anzusehen! Der Priester ging eilends zum Tempel und flehte Gott an für das Leben des Verletzten, den er am Wege gesehen hatte. Diese kleine Variation, die ihm eingefallen war, blieb noch im Rahmen seiner Rolle, die er zu spielen hatte. Der Levit sah den Verwundeten und ging vorüber, doch nur, um einen Arzt und einen Krankenwagen zu besorgen, ließ er wissen. Der Samariter, der dann kam, der tat noch Öl in die Wunden des Schwerverletzten. Und während er ihn verband, raunte er ihm zu: „Du kannst wirklich von Glück sagen, daß das ein Gleichnis ist, in dem ich immer den Barmherzigen spielen muß, sonst ..." Dann hob er ihn auf sein Reittier, brachte ihn in das nächste Gasthaus und sorgte für ihn, wie er es nun schon so oft getan hatte.

Die Heimkehr

Lukas 15, 11–32

Unerschöpflich sind die Worte Jesu, die Bilder, die er entwirft von Gott und den Menschen. Manchmal scheint es, als seien sie nur das erste Glied einer Kette immer neuer Bildgeschichten. Nehmen wir nur die Erzählung von der verzeihenden Liebe Gottes, der wie ein Vater den verlorenen Sohn in sein Haus aufnimmt und mit Freude an sein Herz drückt. Aber auch diese unvergleichliche Geschichte steht nicht isoliert für sich. Sie gehört in einen Zusammenhang. Man muß fragen: Wem hat Jesus das erzählt und warum? Wer das Lukasevangelium aufschlägt, muß nicht lange suchen: Jesus antwortete damit auf den Vorwurf, es sei ein Skandal, daß er sich um die Verworfenen, die Sünder und Gottlosen kümmere. Sage mir, mit wem du umgehst ...

Kaum hatte Jesus von dem verlorenen Sohn und dem guten Vater erzählt, da hörte er, wie einige der Älteren unter seinen Zuhörern die Geschichte zum Anlaß nahmen, erneut über die gottlose Welt und insbesondere über die Jugend von heute zu klagen: Ja, sagten sie, genauso ist das heute! Diese jungen Leute nehmen keine Rücksicht auf ihre Eltern. Da hat man jahrelang für sie gesorgt und alles für sie getan. Aber wenn sie heranwachsen, gilt das alles nichts mehr. Plötzlich wissen sie alles besser. Und eines Tages ziehen sie daheim aus, nehmen sich irgendwo ein Zimmer, ziehen in eine Wohngemeinschaft oder leben mit einer Freundin zusammen. Das hätte es früher nicht gegeben. Ja, die Jugend von heute, sagten sie, und sie waren sich einig darüber, daß diese Jugend nichts tauge.

Da nahm Jesus abermals das Wort und sagte: Laßt

mich noch eine Geschichte erzählen. Da war ein Mann, der hatte zwei Söhne. Vor allem aber hatte er seinen Beruf, und in dem ging er auf. Er wollte es zu etwas bringen, und er war viel unterwegs. So kam es, daß er die Erziehung seiner Kinder immer mehr seiner Frau überließ und immer weniger Zeit und auch Lust verspürte, sich seiner Familie zu widmen. Wenn er von der Arbeit nach Hause kam, war er müde und bedurfte der Ruhe, und die Interessen und Fragen seiner Frau und seiner Söhne wurden ihm lästig. So kam es, daß er sich der Familie allmählich entfremdete. Auch mit seiner Ehe stand es bald nicht mehr zum besten. Immer seltener kam er nach Hause. Er nahm sich ein Zimmer in der Stadt, und eines Tages kam die Frau dahinter, daß ihr Mann mit einer anderen Frau zusammenlebte. Doch eine Scheidung, wie sie vorschlug, lehnte er ab. Die Söhne verachteten den Mann, der ihr Vater war und mit dem sie nichts mehr verband. Die Mutter weinte viel. Eines Tages kam die Nachricht, der Vater habe sich im Geschäft gewisser Unterschlagungen schuldig gemacht und sei zu einer Gefängnisstrafe verurteilt worden. Die Mutter fuhr in die Stadt, um ihn zu besuchen. Die Söhne jedoch lehnten es ab, sie dorthin zu begleiten: Der ist für uns gestorben, sagten sie, mit dem haben wir nichts mehr zu tun! So verging die Zeit, ein Jahr ging vorüber. Und dann stand eines Tages der Vater vor der Tür. Er sah schlecht aus und wagte kaum ein Wort zu sagen. Aber die Mutter umarmte ihn voller Liebe, legte ihm neue Kleider zurecht und ging in ihrer Freude daran, ein festliches Mahl zu bereiten. Als der jüngere Sohn von der Schule kam, verschlug es ihm fast die Sprache. Aber als er sah, wie glücklich die Mutter war und wie verlegen der Vater, setzte er sich doch mit an den Tisch. Nachher stand er allein dem Vater gegenüber. Und der sagte schließlich: Ich weiß, ich bin nicht mehr wert, mich deinen Vater zu nennen und überhaupt, hier bei euch zu sein. Eine Frau wie deine Mutter habe ich nicht verdient. Und er begann zu weinen. Da fiel ihm sein Sohn um den Hals und sagte: Vater, für mich warst du tot, ein fremder Mann – aber jetzt habe ich das Gefühl, daß du lebst, daß es dich gibt. Und sie weinten beide. –

Anders der ältere Sohn: Der kam am Abend von der Arbeit, aber er redete kein Wort, als ginge ihn das alles nichts an, und er zog sich bald zurück. Am nächsten Morgen sahen sie, daß er nicht mehr da war. Ohne daß es einem aufgefallen war, hatte er seine Sachen genommen und war davongegangen. Und sie suchten vergeblich nach einem kurzen Gruß oder einem Wort des Abschieds.

Der Verborgene Schatz

Mattäus 13, 44

Ich weiß nicht, ob das ein guter Gedanke war, das Himmelreich ausgerechnet in einem Acker zu verstekken . . .

„Das Himmelreich", sagte Jesus einmal, „das ist ein Schatz, der verborgen ist." Denen, die das hörten, leuchtete dieser Gedanke ein. Und sie gingen, um in den Schatzkammern der Dome und Kathedralen, unter goldenen Monstranzen und schimmernden Perlen nach dem Schatz zu forschen. Andere vermuteten ihn in den Tresoren der Großbanken. Wieder andere stöberten in den Trödlerläden und suchten in den Hinterzimmern der Antiquitätenhändler danach. Und wo immer sie etwas fanden, was in ihren Augen an einen Schatz erinnern mochte, da erwarben sie es und verbargen es in ihrem Safe. Und wo sie ihren Schatz wußten, da war auch ihr Herz.

Ein einfacher Mann aber war, während Jesus zu den Leuten sprach, wie gewöhnlich seiner täglichen Arbeit nachgegangen. Im Schweiße seines Angesichtes pflügte er den Acker seines Herrn. Zu seiner großen Verwunderung stieß er in den Schollen unversehens auf einen harten Gegenstand. Verwundert grub er ihn aus, und bald erkannte er, daß der unscheinbare Kasten, den er in Händen hielt, einen kostbaren Inhalt barg. Schnell, in der Sorge, daß ihn jemand beobachtet haben könnte, vergrub er seinen Fund. Und weil er eine ehrliche Haut war und seinen Herrn nicht betrügen wollte, zählte er daheim sein Geld, lieh sich noch einiges dazu und kaufte seinem Dienstherrn den Acker ab, in dem er einen so kostbaren Schatz entdeckt hatte. Doch erzählte er keinem Menschen davon, sosehr es ihn auch verlockte. Nein, er ging wie gewöhnlich seiner Arbeit nach und nahm sein Geheimnis schließlich mit ins Grab. So kommt es wohl, daß das Himmelreich bis auf den heutigen Tag in irgendeinem gewöhnlichen Acker verborgen liegt. Vielleicht entdeckt ihn eines Tages einer von uns bei seiner gewöhnlichen Arbeit, in seinem täglichen Arbeitsbereich, und sei es unter einem Stoß Akten.

Im Acker der Welt

Mattäus 13, 34–35

Gleichnisse sind offene Geschichten. Manchmal erschließen sie ihren tiefsten Sinn erst, wenn man sie aus einigem Abstand – etwa von der Bibelstelle Philipperbrief 2 ,6–8 her – erneut bedenkt . . .

Wenn sich Jesus an die Vielen wandte, die sich um ihn geschart hatten, sprach er in Bildern. Immer redete er in Gleichnissen zu ihnen. So wurde erfüllt, was Propheten gesprochen haben oder wie es heißt in den Psalmen: „Ich will meinen Mund auftun und in Gleichnissen reden. Ich will enthüllen, was seit Grundlegung der Welt verborgen war." So also sprach Jesus: „Damals, im Anfang, bei der Grundlegung der Welt, schuf Gott Himmel und Erde. Er schuf die Sonne und den Mond und ließ eine unermeßlich große Zahl von Sternen im Weltall kreisen. Hoch über all seinen Werken thronte er in ewiger Herrlichkeit, und er sah herab auf alles, was er geschaffen hatte. Da fiel sein Blick auch auf die Erde, diesen winzigen Stern. Und er sah Berge und Flüsse, Meere und Wüsten, Bäume und Sträucher und Tiere aller Art, die sein mächtiges Wort hervorgebracht hatte. Und er entdeckte unter all den lebenden Wesen auch den Menschen, der im Schweiße seines Angesichtes den Acker der Erde bebaute. Da fiel ihm ein, welche Hoffnung er einst auf den Menschen gesetzt und wie sehr dieser ihn enttäuscht hatte. Doch je länger er auf den Menschen sah, desto stärker erwachte wieder die Liebe in ihm zu diesem vollkommensten Wesen, das er erdacht hatte. Es war, dachte er bei sich, doch ein kostbarer Schatz, der da nun auf dem Acker der Erde ein verborgenes und mühsames Leben führt. Und der allmächtige Gott ging hin. Er entäußerte sich selbst, gab all seine Macht und Weisheit dahin, ja setzte seine göttliche Ehre aufs Spiel. Er ging hin, ging auf die Erde, diesen winzigen Stern unter zahllosen Gestirnen, und nahm die Gestalt eines Knechtes an. In unbegreiflicher Liebe gab er all seine Herrlichkeit auf. Er lebte wie einer von ihnen, in allem den Menschen gleich. Er teilte ihr Leben, nahm auf sich ihre Last. Er erniedrigte sich bis zum Tod am Kreuz. Mit seinem eigenen Blut zahlte er den Preis und erwarb die Erde. Vielleicht konnte er so das Herz des Menschen gewinnen."

Die wunderbare Zeitvermehrung

Mattäus 14, 13–21

Daß Jesus all die Menschen wunderbar mit Brot speiste, ist jedem bekannt. Aber es gibt noch viele andere Dinge, die rar sind, zumindest heutzutage.

Jesus zog sich zurück. Mit einem Boot fuhr er über den See an einen abgelegenen Ort, um allein zu sein. Die Volksscharen in den Städten hörten davon und folgten ihm zu Fuß nach. Als er die Augen erhob, sah

er, wie viele Menschen um ihn versammelt waren und wie viele noch herandrängten. Und er empfand Mitleid mit ihnen und heilte die Kranken. Als es Abend wurde, traten seine Jünger zu ihm und sprachen: „Herr, die Zeit ist vorgerückt, es ist spät. Entlasse die Menge. Sie haben keine Zeit und wir auch nicht!"

Da wandte sich Jesus an seine Jünger: „Weshalb sollen sie weggehen? Gebt ihnen doch Zeit, gebt ihnen von eurer Zeit!" Da sagten sie zu ihm: „Wir haben ja selber keine, und was wir haben, dieses wenige, wie soll das reichen, um uns um alle und am Ende noch um jeden einzelnen zu kümmern?" Doch fand es sich, daß einer von ihnen noch fünf Termine frei hatte, zur Not, mehr nicht, dazu zwei Viertelstunden.

Und Jesus lächelte und sagte: „Gut, das ist doch schon etwas! Stellen wir's den Leuten zur Verfügung!" Und er ließ die Volksscharen erneut Platz nehmen. Er nahm die fünf Termine, die sie hatten, und dazu die beiden Viertelstunden. Er blickte auf zum Himmel und sprach ein Segensgebet. Dann teilte er das Vorhandene auf und ließ austeilen die kostbare Zeit, die sie hatten, durch seine Jünger an die vielen Leute. Und siehe, es reichte nun das wenige für alle. Keiner ging leer aus. Ja sie füllten am Ende noch zwölf Tage mit dem, was übrig war an Zeit. Und dabei waren es an die fünftausend Männer, die Frauen und Kinder gar nicht gerechnet.

Es wird berichtet, daß die Jünger staunten. Denn alle sahen es: Selbst das Unmögliche wird möglich durch ihn.

Der Saum

Mattäus 14, 34–36 und 19, 13–15

Manchmal erschrecken wir, wenn wir sehen, wie streng Jesus sein konnte. Und ein anderes Mal wieder staunen wir über seine unbegreifliche Nachsicht . . .

Immer wenn Jesus in eine Gegend kam und die Leute ihn erkannten, erzählten sie es sogleich überall herum, und sie trugen alle Kranken herbei.

Und er hatte Erbarmen mit ihnen. Er brachte das Wort Gottes zu ihnen, dann streckte er seine Hand aus und heilte sie. Den meisten freilich war weniger an seinen Worten gelegen, und sie achteten auch nicht auf die gütige Hand, die sich ihnen entgegenstreckte. Nein, sie begehrten nur eines: sie wollten den Saum seines Gewandes anfassen, welches wundertätig war, wie man sich erzählte. Ja, wer sein Gewand berührt, und sei es auch nur am Saum, der wird im gleichen Augenblick gesund und von all seinen Gebrechen geheilt, so war überall zu hören. Und so drängten sie heran, stießen sich gegenseitig weg und schlugen sich, bemüht, einen Zipfel wenigstens des Wunderkleides zu berühren. Die Jünger Jesu, die das mit ansahen, waren entsetzt über einen derart dinglichen und magischen Aberglauben. Sie stießen die herandrängende Menge zurück und begannen schließlich, sie mit Beschimpfungen davonzujagen. Jesus aber verwies es ihnen. Denn er hatte Mitleid und wollte die Hoffnungen derer, die ihn umdrängten, nicht enttäuschen. Da sprach er: „Lasset die Leute in ihrem Aberglauben zu mir kommen und haltet sie nicht zurück. Denn für Menschen wie sie, die nur noch eine einzige Hoffnung haben, ist das Himmelreich offen!" Und so geschah es: Alle, die sein Gewand berührten, und sei es auch nur am Saum, wurden augenblicklich gesund und gingen fröhlich davon. Und Jesus dachte bei sich: Kann wohl sein, daß sie eines Tages mein Gewand unter sich teilen.

Krieg und Frieden

Lukas 12, 49–53

Wie provozierend anders Jesus ist als unsere gängigen Vorstellungen von ihm und seiner Botschaft, das wird manchmal erst deutlich, wenn wir ihn unseren Klischees anpassen ...

Jesus sprach zu denen, die ihm folgten: „Ihr seht, wie es in der Welt zugeht: In ein und demselben Haus sind

sie uneins: drei gegen zwei und zwei gegen drei. Der Vater ist gegen seinen Sohn, der Sohn erhebt sich gegen seinen Vater. Die Mutter ist gegen ihre Tochter und die Tochter gegen ihre Mutter. Die Schwiegermutter kämpft gegen ihre Schwiegertochter, und die Schwiegertochter stellt sich gegen ihre Schwiegermutter. –

Bei euch soll es nicht so sein. Meint ihr denn, ich sei gekommen, um die Menschen miteinander zu entzweien und gegeneinander aufzuhetzen? Nein, ich bin nicht gekommen, um Spaltung auf die Erde zu bringen, sondern Frieden!"

Die Einladung

Lukas 14, 12–14

Die Frommen, die Pharisäer vor allem, die streng nach den Weisungen der Religion leben, kommen im Evangelium nicht immer gut weg. Ich könnte mir jedoch denken, daß Jesus tiefer sah und nicht einfach alle über einen Kamm scherte, wie man so sagt . . .

Jesus war einmal in das Haus eines Pharisäers zum Essen eingeladen. Als er sich dann verabschiedete, bedankte er sich bei dem Gastgeber und sagte lächelnd: „Vielleicht darf ich dir einen Rat geben: Wenn du ein Essen gibst, mittags oder abends, dann lade niemals mehr solch arme Leute ein wie mich und meine Freunde. Oder gar Krüppel, Lahme oder Blinde. Die können dir deine Güte ja nie danken und lohnen, und im Grunde hast du gar nichts davon. Nein, du solltest lieber deine Freunde oder deine Verwandten einladen oder auch reiche und einflußreiche Nachbarn. Die können die Einladung wenigstens erwidern und es dir lohnen. Bei den Armen kannst du lange auf so etwas warten."

Da sagte der Gastgeber: „Genau das haben mir meine Freunde auch schon gesagt, Meister, und trotzdem lade ich gerne arme Leute ein. Auch du sollst mir mit deinen Jüngern immer willkommen sein. Denn ich glaube, Gott liebt die Armen besonders. So will ich eben versuchen, sie auch zu lieben, so gut ich es kann!"

Da sah ihn Jesus an und sprach zu ihm: „Wohl dir! Gott, der die Armen liebt, wird dir lohnen, was du tust, bei der Auferstehung der Gerechten!"

Die ungenutzte Chance

Markus 9, 2–10

Bei allem Wohlwollen – aber zuweilen hat man doch den Eindruck, daß Jesus einige große Chancen ungenutzt verstreichen ließ. Aus manchem hätte man etwas machen können, behauptet Petrus . . .

Sechs Tage waren vergangen, da nahm Jesus den Petrus, den Jakobus und den Johannes beiseite und führte sie auf einen hohen Berg, aber nur sie allein. Und siehe, er wurde verklärt vor ihren Augen. Seine Kleider wurden strahlend weiß, so weiß, wie kein Färber und keine Waschmittelwerbung sie machen kann. Und es erschien ihnen Elija und mit ihm Mose, und die redeten mit Jesus. Da sagte Petrus zu seinem Herrn: „Meister, wie gut, daß wir hier sind. Wir wollen hier drei Hütten bauen, eine für dich, eine für Mose und eine für Elija." Er war ganz benommen vor Ehrfurcht und Ergriffenheit. So ein Erlebnis mußte man festhalten. Drei Hütten, dachte er, ach was, Häuser müßten es sein oder noch besser ein einziges großes Haus. Eine Art Halle schwebte ihm vor, ein Tempel, ein Dom. Und wie im Traum sah er ihn bereits vor sich: den Dom der Verklärung. Mit einem großen freien Platz davor, breite Stufen würden zum Heiligtum hinaufführen. Das Innere dann ganz in Gold, kostbar und staunenerregend. Vorne sollte dann ein gewaltiges Bild zu sehen sein: Jesus umgeben von Sonnenstrahlen, neben ihm Mose, der Führer, und Elija, der Prophet, Mosaik vielleicht. Von unten müßten breite Straßen zum Berg hinaufführen für alle die Gläubigen, die sich aufmachen würden, daran war kein Zweifel. Scharen, nein, Massen von Andächtigen würden kommen, um das

Wunder nachzuerleben, das sich ereignet hatte: die Verklärung des Meisters. Ja, so, genau so, wie er sich ihnen, den Getreuen gezeigt hatte, müßte er sich allen zeigen, im Glanze göttlicher Herrlichkeit. Da sollten dann die Zweifler ruhig kommen mit ihrem ewigen Fragen: Ist er es oder ist er es nicht? Hier könnten sie sich überzeugen. Was nutzten alle die Wunder, die der Herr in entlegenen Dörfern wirkte: hier sollte er zeigen, wer er ist. Und es wunderte den Petrus nicht, daß er in solchen Gedanken plötzlich eine Stimme hörte aus den Wolken des Himmels, die sprach: „Ja, dieser ist mein geliebter Sohn, auf ihn sollt ihr hören!" — Ja, das war es, worauf er immer gewartet hatte. Jetzt konnten es alle hören. Jetzt war die große Stunde des Triumphes da. Jetzt fiel der Glanz auch auf ihn, den treuen Jünger. Er war sehr glücklich.

Da schien es ihm mit einem Male, als lasse das blendende Licht nach, und Wolken verhüllten seinen Traum. Und als er aufblickte, war das herrliche Bild verschwunden. Und er sah niemand mehr vor sich als Jesus allein.

Ja, früher ...

Lukas 9, 62

Wir haben wohl alle unsere Erinnerungen, von denen wir zehren. Aber wir sollten da etwas vorsichtig sein ...

Jesus hatte den Weg nach Jerusalem eingeschlagen, um dort den Tod am Kreuz zu erleiden. Da hörte er, wie die Jünger sich unterhielten, bedrückt über die wachsende Feindschaft, die sie bei vielen Menschen spürten. „Wißt ihr", meinte Philippus zu einigen Jüngern, die erst seit einigen Tagen mit ihnen zogen, „früher war das anders: Da waren Tausende auf den Beinen, um Jesus zu hören. Das hättet ihr erleben müssen! Eine Begeisterung war das, wenn er die Kranken heilte und flammende Reden hielt. Das kann man nicht beschreiben. Alle liefen ihm nach und jeder konnte es spüren: Das ist der Mann, der unser Volk befreit und die Römer aus dem Lande jagt! Der wird die Verhältnisse ändern! Was ihr heute seht, das ist gar nichts gegen damals! Wer da nicht dabei war und das selber miterlebt hat, so wie wir, diese Begeisterung der Massen, der kann nicht mitreden!"

Da sah Jesus ihn ernst an und sagte zu ihm: „Wer die Hand an den Pflug legt und schaut zurück in die gute alte Zeit und schwelgt in den Erinnerungen an die großen Tage und trauert dem nach, was war und nicht mehr ist, statt auszuschauen nach dem, was kommt, und um das Größere zu erwarten, was einmal sein wird — der taugt nicht für das hereinbrechende Reich Gottes!"

Die enge Tür

Lukas 13, 22–30

Jeder hat so seine eigenen Vorstellungen über Gott und die Welt und auch darüber, wie alles einmal ausgehen wird. Vielleicht war das damals unter den Jüngern Jesu nicht anders. Ich kann mir einfach nicht vorstellen, daß sie immer ganz einig waren. Und noch etwas kann ich mir nur schlecht ausmalen: daß Jesus immer nur lehrte. Bestimmt hat er auch gerne einmal zugehört, wenn seine Schüler miteinander diskutierten. Eines Tages geschah vielleicht folgendes:

Überall, wohin Jesus kam, in Städten und Dörfern, verkündete er seine Botschaft. Einmal fragte ihn einer: „Herr, sage uns: Wer wird am Ende vor dem Gerichte Gottes bestehen? Sind es wenige oder viele, die gerettet werden?" – Da wandte sich Jesus an seine Jünger und fragte sie: „Nun, was meint ihr dazu?"

Da sagte einer: „Also ich bin fest davon überzeugt, daß nur wenige gerettet werden. Auf jeden Fall ist es eine sehr enge Tür, die in den Himmel führt. Und wenn der Tag kommt, an dem Gott der Herr sich erhebt und sagt: Es ist Zeit!, dann wird die Türe verschlossen. Da stehen dann viele draußen und hämmern mit Fäusten gegen die Tür und wollen, daß man sie einläßt. Aber der Herr wird sagen: Was wollt ihr, ich kenne euch nicht! – Das werden sie empörend finden und grausam und unvereinbar mit der Güte Gottes. Manche werden auf ihre Verdienste hinweisen und beteuern, daß sie nie etwas Böses getan haben. Aber er wird sagen: Wer seid ihr, ich kenne euch nicht! Da werden sie noch lauter schreien, und wenn sie sehen, daß das nicht hilft, werden sie jammern und heulen und empört mit den Zähnen knirschen. Aber der Herr, der die Herzen kennt, wird zu ihnen sprechen: Jetzt ist es zu spät. Ihr habt versäumt, nach Gottes Willen zu leben. Fort mich euch! – Ja, so wird es sein, denke ich", sprach der Jünger. –

Da widersprachen die anderen Getreuen und sagten: „Da sind wir aber ganz anderer Meinung, Herr. Wer so redet, wie der da, hat nichts verstanden von dem, was du uns gelehrt hast. Der gehört nicht in unseren Kreis, sag doch selbst! Wir haben schließlich eine frohe Botschaft zu verkünden, keine solche Drohbotschaft mit Heulen und Zähneknirschen. Da fehlt nur noch, daß er was von einer Hölle faselt. Nein, Gott macht keinem die Türe vor der Nase zu, im Gegenteil: Er hält die Türe weit auf, bis der letzte noch hineingefunden hat. Er bietet sein Heil bedingungslos an, und darum dürfen wir ebenfalls keine Forderungen stellen und das Heil von bestimmten Verpflichtungen abhängig machen. Mit einer solch finsteren Verkündigung kämen wir heute bei keinem Menschen mehr an. Mit Gericht und Hölle drohen, da lachen uns die Leute nur aus!" –

Jesus hörte noch immer zu und schwieg. Da bestürmten sie ihn, er solle doch sagen, wie er darüber denke. Da sah er die Seinen an und sprach: „Noch ist die Türe offen und alle sind eingeladen, alle. Aber unser Freund hier hat recht: Die Türe ist eng. Und ein Tag wird kommen, wo sie geschlossen wird. Und auch ihr müßt euch sehr anstrengen, wenn ihr zu denen gehören wollt, die hineingelangen. Denn viele werden an jenem Tag Einlaß begehren und werden nicht hineinkommen. Dafür werden viele andere kommen, von Osten und Westen und Norden und Süden. Sie werden im Reiche zu Tisch sitzen . . ." Und sie sprachen noch lange darüber.

Beim Wort genommen

Mattäus 17, 14–18

Daß Jesus, der Gottessohn, ein wirklicher Mensch war, schimmert in den Evangelien hin und wieder durch. Man sollte es gelegentlich hervorheben, wenn möglich mit etwas Humor, wenn es gestattet ist ...

Als sie weitergingen, begegneten sie einer großen Zahl von Menschen. Und ein Mann trat vor Jesus hin und bat ihn auf den Knien: „Herr, habe Erbarmen mit meinem Sohn. Er ist fallsüchtig und hat schwer darunter zu leiden. Immer wieder fällt er ins Feuer oder ins Wasser. Ich habe ihn schon zu deinen Jüngern geführt, aber es war zwecklos: sie konnten ihn nicht heilen!"

Da erwiderte Jesus: „O diese ungläubige und unbelehrbare Menschheit! Wie lange muß ich noch bei euch aushalten? Wie lange soll ich euch noch ertragen!?" – Da nahm Simon Petrus all seinen Mut zusammen, nahm Jesus beiseite und sagte leise zu ihm: „Herr, entschuldige, aber wenn ich nicht irre, hat der gute Mattäus so ein Wort von dir überliefert, da sagst du ungefähr so: Seht, ich bin bei euch alle Tage bis zur Vollendung der Welt. Erinnerst du dich?" –

Und Jesus sah seinen gelehrigen Jünger an, den er nicht ohne Grund „Fels" genannt hatte, und ein Lächeln ging über sein Gesicht. Dann wandte er sich wieder dem Manne zu, der ihn mit seinen Bitten bestürmt hatte, und er sagte ermunternd zu ihm: „Schön, bring ihn her zu mir, den armen Kerl!" Und er drohte dem bösen Geist, der den Kranken in seiner Gewalt hatte, und sogleich wurde der Junge geheilt.

Dankbarkeit

Lukas 17, 11–19

Man könnte die Geschichte wohl auch einmal ein wenig verändern, um sie wie neu zu hören. Vielleicht so ...

Auf dem Wege nach Jerusalem zog Jesus mitten durch Galiläa und Samaria. Da kamen ihm vor einem Dorf zehn aussätzige Männer entgegen. Sie blieben in einiger Entfernung stehen und schrien laut herüber: „Jesus, Meister, hab Erbarmen mit uns!" Als Jesus sie sah, rief er ihnen zu: „Geht und zeigt euch den Priestern!" Sie verstanden nicht gleich, aber sie gingen. Und siehe da: unterwegs wurden sie rein, alle zehn. Erst bemerkte es einer, dann erkannten sie es alle. Immer wieder mußte es einer dem andern bestätigen: Es ist wahr, du bist rein. Aber sag, wie sehe ich aus? – Du? Ganz gesund, ganz heil, keine Spur mehr von einem Geschwür! Als sie begriffen, daß sie wirklich geheilt worden waren, sprangen sie wie verrückt umher und tanzten und umarmten sich. Und in ihrer Freude beschlossen sie, sogleich umzukehren und dem Gottesmann zu danken, der sie geheilt hatte durch sein Wort.

Nur einer von ihnen, ein Samariter, war nicht dazu zu bewegen. „Mir geht meine Gesundheit über alles", sagte er, „und ich denke nicht daran, nochmal in diese verdammte Gegend zu gehen und mir dann womöglich aufs neue diese verfluchte Beulenpest zu holen. Nein, das könnt ihr nicht verlangen, alles, was recht ist. Bestellt dem Jesus meinetwegen einen Gruß, und sagt, ich ließe ihm danken! Es genügt ja, wenn ihr geht!" Und er machte sich davon und nahm den Weg in die Stadt.

„Da sieht man's wieder", sagten die übrigen zueinander, „was von den Samaritern zu halten ist. Die geben nicht mal Gott die Ehre. Die glauben an nichts. Nichts ist denen heilig. Und von Dankbarkeit keine Spur!" Und kopfschüttelnd gingen sie den Weg zurück.

Zwei Männer im Tempel

Lukas 18, 9–14

Damals, in der Zeit, als Jesus diese Geschichte erzählte, galten Pharisäer als gerechte und fromme Leute, Zöllner aber als Sünder. Jesus wagte es, diese gängige Einteilung zu erschüttern. Leider haben wir uns im Laufe der Zeit neue Klischees zurechtgemacht. Wir malen auch schwarzweiß, nur umgekehrt. Wohl möglich, daß Jesus die Sache heute noch einmal anders erzählen würde ...

Einigen, die von sich selbst überzeugt waren und die frommen und biederen Leute verachteten, erzählte Jesus einmal eine Geschichte: „Nehmen wir an", sagte er, „da gingen eines Tages zwei Männer in den Tempel, um zu beten. Den einen kannte man als einen besonders frommen Mann. Der andere war einer von den Zolleintreibern, die jeder anständige Mensch im Land begreiflicherweise verachtet. Nun schauen wir aber einmal genau hin, wie das nun weitergeht: Der Fromme kommt also in das Haus Gottes. Er stellt sich andächtig hin, wie es sich gehört, und er betet bei sich ungefähr mit folgenden Worten: ‚O Gott, ich danke dir, daß ich durch deine besondere Gnade kein Räuber, Betrüger oder Ehebrecher geworden bin, auch kein Zöllner wie der da. Du weißt es wohl, ich bemühe mich, deine Gebote zu erfüllen. Ich faste an zwei Tagen der Woche, und den zehnten Teil meiner Einkünfte spende ich für gute Zwecke. Aber ich will mir nichts darauf einbilden. Ich weiß zu gut, daß das alles noch viel zuwenig ist. Hilf mir, du großer Gott, daß ich dir nicht nur äußerlich und mit meinen bescheidenen Werken, sondern mit dem Herzen diene!' –

Der andere aber, der Zöllner, blieb hinten nahe dem

Ausgang stehen, lehnte sich an eine Säule und dachte bei sich: ‚Nun schau dir bloß diesen frommen Heuchler da vorne an, wie der sich aufspielt! So einer hält sich natürlich für besser als alle andern und bildet sich alles Mögliche darauf ein, daß er hin und wieder was Gutes tut. Typische Werkheiligkeit, die sich da im Tempel breitmacht. Ich bin da anders. Vielleicht nicht in allem vollkommen, wer ist das schon! Aber jedenfalls bin ich kein solcher Heuchler und Betbruder. Mann, wie kann man nur so verbohrt sein wie diese sogenannten Frommen, die dauernd in den Tempel rennen, diese Ewiggestrigen, diese Geistig-Zurückgebliebenen! Gott sei Dank hab' ich begriffen, worauf es heute ankommt: Nicht Gebete herunterleiern, sondern was tun. Es rettet uns kein höheres Wesen, sondern nur unsere eigene Aktion. Aber wem sag ich das?!'" –

Und Jesus schaute die an, die ihm zuhörten, und fragte sie: „Was meint ihr wohl: Welcher von den beiden gefällt unserem Gott besser?" – Da sagte einer schließlich: „Herr, das ist wirklich eine schwierige Frage!"

Die junge Generation

Mattäus 19, 16–26

Die Begegnung mit dem „reichen Jüngling" – ist das nicht so etwas wie die Begegnung mit der jungen Generation, über die Zeiten hin?

Eines Tages erschien ein junger Mann bei Jesus und gleich darauf noch einer. Aber das war erst der Anfang: Von allen Seiten drängten sie heran, junge Männer und schicke junge Mädchen, stiegen aus Sportwagen, sprangen von schweren Motorrädern, strömten aus Diskotheken, laut und lachend, in allen Modefarben umringten sie ihn. Musik dröhnte aus unzähligen Transistorradios: die junge Generation. „Wir suchen das Leben", sagten sie. „Aber das neue, das ganze, das volle, das intensive, das wahnsinnige, das wilde, aufregende, brüllende Leben! Wir sind das Einerlei, den Stumpfsinn und die Ordnung satt", riefen sie. „Die Gesellschaft widert uns an! Wir wollen anders leben als unsere Eltern!"

Jesus sah sie an und fand sie großartig: „Ich verstehe euch gut", sagte er. „Aber denkt mal nach: Wollt ihr's nur einfach besser haben, oder wollt ihr's besser machen?" Sie schauten sich an. Der Lärm der unzähligen Transistorradios verstummte. Ein Mädchen sagte: „Die Welt ist nicht in Ordnung. Wir wollen, daß sie gut wird. Aber gut – wie macht man das? Sag uns, Meister, was sollen wir tun?"

„Das Gute also", nickte Jesus, „das Gute wollt ihr." Und er sah sie an: „Gott ist gut", sagte er. „Haltet seine Gebote. Tut, was er sagt. Dann werdet ihr leben!" – „Und was sagt er, dieser Gott?" fragte einer. „Und was sind das für Gebote, mal ganz konkret?" – Jesus blickte ihn an, dann lächelte er und sagte: „Ganz einfach: Du sollst nicht töten, sollst die Ehe nicht brechen, auch nicht stehlen, nicht lügen. Ehre deinen Vater und deine Mutter, liebe deinen Nächsten wie dich selbst!" —

Ein paar der jungen Leute verzogen die Mundwinkel: „Na, neu ist das gerade nicht", sagten sie, „das alles predigen die Pfarrer in der Kirche ja auch immer. Wir haben das früher auch mal versucht ..." Ein paar lachten. Ein Junge setzte hinzu: „Weißt du, wir dachten eher an was Neues. Alternativ leben oder so — wenn du weißt, was ich meine ..." Jesus sah ihn an und sagte: „Dann gibt es nur noch eines: Wenn du vollkommen sein willst, dann gib alles auf, was du hast, was dein Leben jetzt ausmacht, und dann komm und folge mir!"

Als die jungen Leute das hörten, fiel ihnen ein, was ihr Leben ausmachte, was ihnen Spaß machte. Alles fiel ihnen ein, eins nach dem andern. Das sollten sie aufgeben? Und schon machten sich die ersten davon, dann die andern. Sie drehten die Transistorgeräte voll auf und ließen die schweren Motorräder wieder an. Aber erst in der Diskothek nachher war die Sache für sie ausgestanden.

Jesus sah ihnen nach, bis der letzte gegangen war. Es klang traurig, als er sagte: „Nicht nur die Reichen, auch die Kinder des Wohlstandes haben es schwer, in das Himmelreich zu kommen!" Einer seiner Jünger sagte: „Wer kann dann überhaupt gerettet werden?" Jesus blickte die an, die sich für ihn entschieden hatten, und sagte zu ihnen: „Für Gott ist alles möglich!"

Zachäus

Lukas 19, 1–7 und 6, 20–25

Der kleine Mann auf dem Baum ist uns so vertraut und so sympathisch geworden, daß es wohl naheliegt, einmal eine andere Darstellung der Szene zu versuchen. Auch wenn wir dann gern wieder zum Wortlaut des Evangeliums greifen ...

Jesus kam nach Jericho, und er ging durch die schöne und reiche Stadt. Doch er sah auch viele arme und elende Leute am Straßenrand. Da blieb er stehen und rief, so daß alle es hörten: „Selig in Gottes Augen seid ihr Armen, die ihr mühselig und beladen seid und gebückt geht unter der Last eures Lebens! Die ihr jetzt Hunger leidet und weint. Seht, ich komme, um euch eine frohe Botschaft zu verkünden! Denn euch gehört das Reich Gottes! Es kommt der Tag, da werdet ihr euch satt essen, da werdet ihr es sein, die lachen und sich des Lebens freuen! Wehe aber über euch, ihr Wohlhabenden, ihr Reichen, denn ihr habt schon euern Trost! Eines Tages werdet ihr es sein, die spüren, was Hunger ist, und die wehklagen und jammern! Ihr meint, Gott nahe zu sein. Aber ich sage euch: Man kann nicht dem Geld und dem Profit dienen und zugleich der gerechten Sache Gottes!" – So sprach er, und die Leute umdrängten ihn und ließen ihn hochleben. So zog er weiter durch die Straßen.

Nun lebte aber dort ein Mann mit Namen Zachäus. Er war einer der verdammten Zolleintreiber, mehr noch: ein Zolloberaufseher, und auf diese Weise hatte er sich einen ziemlichen Haufen Geld ergaunert. Wie allen war auch ihm schon manches über Jesus zu Ohren gekommen, und er wollte ihn unbedingt sehen.

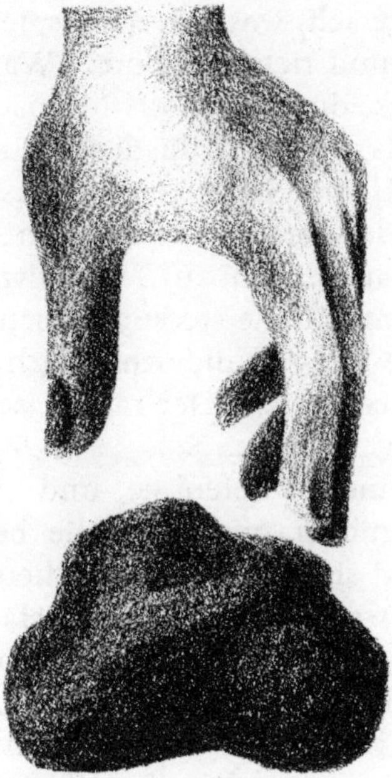

Doch er war kleingewachsen. Die vielen Menschen, dachte er, werden mir die Sicht versperren. Auch ist es nicht ungefährlich in meiner Position, mich unter die Leute zu mischen. Ja, er hatte da seine Erfahrungen. Darum lief er voraus und kletterte schließlich auf einen Feigenbaum. Von da aus war alles gut zu übersehen. Und schon kam der Zug näher, und er hörte die Leute, wie sie Jesus zujubelten. Und dann sah er Jesus. Als er gerade an dem Baum vorüberkam, auf welchem Zachäus saß, vergaß der Zöllner alle Scheu, und er rief von oben herab: „Jesus, wenn du willst, komm in mein Haus! Ich lade dich zum Essen ein, gib mir die Ehre!" Und er stieg schnell hinunter und wollte Jesus in sein Haus führen.

Als die Menge sah, was sich da abspielte, wurden die Leute unwillig und riefen empört: „Was bildest du dir ein, du Geldsack, du Ausbeuter! Meinst du, etwas Besseres zu sein als wir, weil du den kleinen Leuten das Geld abnimmst? Der Jesus ist auf unserer Seite! Der wird eher auf der Straße essen, als in der Villa eines verdammten Kapitalisten zu Tisch sitzen! Dein Fraß müßte ihm ja im Munde steckenbleiben!" So riefen sie und ballten die Fäuste, und schließlich gingen sie auf den Zolloberaufseher los. Der rannte schreiend davon, so schnell er es vermochte.

„Selig die Armen!" riefen sie, und „nieder mit den Reichen! Und nieder mit allen, die bei den Reichen katzbuckeln und sich's an ihren Tischen wohl sein lassen!" Und einer schlug vor, zu dem Haus des Zachäus zu ziehen und ihm und seinesgleichen alles heimzuzahlen. Schon hoben einige Steine auf, um damit zu werfen. „Jetzt kriegst du deinen Lohn!" schrien sie, „jetzt nehmen wir uns dein Geld!" – Da gebot Jesus Halt, und er sprach, indem er sie ansah: „Wer von euch noch nie Geld hatte, und wer noch nie im Leben gierig auf Geld war, der mag den ersten Stein werfen, der hat ein Recht, zu werfen!" – Da ließen sie die Arme mit den Steinen sinken. Und Jesus, er ganz allein, ging auf das Haus des Zachäus zu . . .

Am Grabe

Johannes 11, 38

Was Jesus sagte und tat und wer er war – das wird einem erst richtig bewußt, wenn man sich ausmalt, wie wir uns an seiner Stelle verhalten hätten ...

Als Jesus nach Betanien kam, fand er den Lazarus bereits seit vier Tagen tot. „Wo habt ihr ihn begraben?" fragte er. Und sie antworteten: „Herr, komm und sieh!" Da ging er tieferschüttert mit ihnen zum Grab. Es war eine Gruft, mit einem großen Stein hatte man sie verschlossen. Da sagte Marta, die Schwester des Verstorbenen, zu ihm: „Herr, er verbreitet schon Geruch. Er ist schon seit vier Tagen tot!" Da weinte Jesus. Und er wandte sich an die Umstehenden:

„Werte Trauergemeinde", sagte er, „wir müssen Abschied nehmen von unserem Freund Lazarus. Ja, er war unser Freund. Wer ihn im Leben gekannt hat, wird mir zustimmen, wenn ich sage: Er war ein guter Mensch. Niemals hat er etwas Unrechtes getan. Stets war er anständig und zu jedermann hilfsbereit. Darum wollen wir bei aller verständlichen Trauer doch auch dankbar dafür sein, daß wir ihn gehabt haben und daß er so viele Jahre hier unter uns lebte. Wir wollen ihm stets ein ehrendes Andenken bewahren. Seinen Schwestern, die er hinterlassen hat, möge nun unser ganzes tiefempfundenes Mitgefühl gelten. Sie dürfen unserer Unterstützung gewiß sein. Für den aber, der so früh aus unserer Mitte geschieden ist, wollen wir die Hoffnung nicht aufgeben, daß er, so wage ich zu sagen, uns allen in ein besseres Jenseits vorausgegangen ist. Der Friede sei mit dir! Ruhe sanft, ruhe aus von allen Mühen, Lazarus, mein Freund! Möge die Erde dir leicht sein!" –

Und Jesus weinte, als er das sagte. Alle sahen es. Und sie sprachen zueinander: „Seht, wie sehr er ihn geliebt hat!"

Das Heiligtum

Johannes 2, 12–17

Mit dem Folgenden soll in keiner Weise Kritik geübt werden am Verhalten Jesu und seiner Getreuen. Im Gegenteil: Sein heiliger Zorn ist verständlich. Aber vielleicht wäre es auch etwas sanfter gegangen, oder? ...

Das Osterfest war nahe, und so zog Jesus nach Jerusalem hinauf. Er ging in den Tempel. Da waren die Händler, die Rinder und Schafe und Tauben anboten, da saßen die Geldwechsler an ihren Tischen und die Andenkenhändler an ihren Ständen. Und sie kauften und verkauften im Vorhof des Heiligtums. Da nahm Simon Petrus einen Strick, um daraus eine Geißel zu machen und die Händler und Wechsler und die Rinder und Schafe aus dem Tempel zu vertreiben.

Jesus aber wehrte ihm und sprach: „Lege die Stricke hin, Simon, denn jeder, der den Strick ergreift, wird durch den Strick umkommen!"

Und inmitten der neugierig schauenden Menge und all derer, die da handelten und verhandelten, kauften und verkauften, der Geldwechsler und Händler, ließ Jesus seine Jünger niederknien und beten. Und er sprach zu ihnen: „Seht, das Haus meines Vaters ist zu einer Markthalle geworden, zu einer Räuberhöhle. Ihr aber habt es jetzt wieder zu einem Haus des Gebetes gemacht!"

Die Ehebrecherin

Johannes 8, 2–11 und Mattäus 5, 27–32

Was Jesus tat, steht über den Zeiten. Aber manchmal fragt man sich doch: Wie wäre das heute, unter uns? Was würde er sagen, wie würde er handeln? Wir wissen es nicht und sollten vorsichtig sein. Aber durchspielen könnte man es immerhin ...

Am frühen Morgen kam Jesus wieder in den Tempel. Alles Volk lief zusammen, und er setzte sich, um zu lehren. Da schleppten einige gesetzestreue Pharisäer eine Frau herbei. Sie wehrte sich, aber sie zogen sie in die Mitte und redeten auf Jesus ein: „Meister, schau sie dir an: Die haben wir gerade beim Ehebruch ertappt, auf frischer Tat! Wie du weißt, müssen solche ehrvergessenen Frauen nach dem Gesetz des Mose gesteinigt werden. Was meinst du dazu?"

Die Menge zeigte ihren Unmut, und einige der Umstehenden hoben Steine auf, um sie auf die Frommen zu werfen. „Nicht die Frau da, solche Leute wie euch sollte man steinigen und ausrotten! Meinst du nicht auch, Jesus?" – Jesus aber schwieg. Er bückte sich und schrieb mit dem Finger auf die Erde. Als sie nicht aufhörten, auf ihn einzureden, richtete er sich auf und sah sie an.

Da sagte einer: „Also ich finde, man sollte das nicht überbewerten, ich meine, was die Frau gemacht hat." – Ein zweiter rief: „So etwas kann doch jedem einmal passieren! Ein Seitensprung hat noch niemandem geschadet, oder?" Und ein paar lachten. „Was soll denn schon dabei sein", riefen sie, „das ist doch nicht weiter schlimm!" Eine junge Frau meinte: „Wer weiß, was die für einen Mann hat?! Wahrscheinlich ist er an allem schuld, geschieht ihm ganz recht!" Und eine andere fügte hinzu: „Ich kann die Frau gut verstehen. Was sie getan hat, war ihr gutes Recht. Schließlich hat jeder ein Recht auf Liebe!"

Und wieder schrien einige: „Jetzt diskutiert nicht lange, steinigt doch diese frommen Heuchler endlich, macht kurzen Prozeß mit ihnen!"

Da erhob sich Jesus und sprach: „Kennt ihr das Gebot nicht: Du sollst die Ehe nicht brechen!? Ich sage euch aber: Jeder, der eine Frau auch nur begehrlich anschaut, jede Frau, die einen anderen Mann auch nur in Gedanken begehrt, hat in seinem Herzen schon die Ehe gebrochen. Und ich sage euch: Wenn dir dein Auge Anlaß zur Sünde ist, dann reiß es aus und wirf es weg. Denn besser ist es für dich, eines deiner Glieder geht zugrunde, als daß du mit deinem ganzen Leib in die Hölle geworfen wirst. Und ich sage euch noch eines: Wer sich von seiner Frau trennt, ist schuld, wenn sie die Ehe bricht. Und wehe dem, der eine Ehe zerstört! – Und nun steinigt mich, wenn ihr wollt!"

Als die Leute Jesus so reden hörten, gingen sie kopfschüttelnd weg. Auch die Pharisäer schlichen davon. Die Frau blieb allein zurück. Und Jesus blickte sie an und sprach: „Frau, wo sind deine Ankläger? Wo sind die, die dir recht gaben?" Da sagte sie leise: „Sie sind alle gegangen, Herr." Und Jesus fragte: „Warum gehst du nicht auch?" – „Herr", sagte die Frau, „ich schäme mich. Meine Schuld ist groß, was habe ich getan. Hilf mir!" – Und Jesus sagte zu ihr: „Geh in Frieden und sündige nie mehr!"

Die Vergebung

Mattäus 18, 23–35

Viele Geschichten hat Jesus erzählt von der großen Vergebung, die der Vater gewährt. Von der kleinen Vergebung, die sich unter uns ereignen soll. Und wie das eine mit dem anderen zusammenhängt. Es könnte sein, daß eine dieser Geschichten etwa so lautete ...

Und Jesus sprach: „Das Himmelreich ist mit einem König zu vergleichen, der mit seinen Knechten Abrechnung halten wollte. Als er daranging, nach dem Verbleib seiner Gelder zu forschen, siehe, da führte man ihm einen vor, der ihm die unglaubliche Summe von zehntausend Talenten schuldig war. Und da er nichts, rein gar nichts hatte, womit er die große Schuld hätte bezahlen können, so befahl sein Herr, ihn, seine Frau und seine Kinder und all seine Habe zu verkaufen, um damit wenigstens einen Teil der Schuld zu begleichen. Der Knecht warf sich ihm zu Füßen, er flehte um Erbarmen, aber der Herr war streng und gerecht und blieb bei seinem Entschluß.

Anstelle des unwürdigen Knechtes wurde ein anderer Diener angestellt. Und es erwies sich bald, daß der König mit ihm sehr zufrieden sein konnte. Er zog ihn in sein Vertrauen und erwies ihm viele Wohltaten. Ja, es kam so weit, daß sie gelegentlich ein Gespräch miteinander führten, der Herr und sein Knecht. Eines Tages sprachen sie über ihre Familien. „Am meisten von allem verdanke ich meinem Vater", sagte der König, „er hat mir das ganze Reich übergeben und mich gelehrt, gütig und gerecht zu regieren." Und er wandte sich an seinen Diener und fragte ihn, ob er in seinem Leben wohl auch Menschen nennen könne, denen er viel zu verdanken habe. Und dabei war er sicher, der Knecht werde natürlich ihn, seinen königlichen Wohltäter, als ersten nennen. Der Diener aber sagte: „Verzeiht, mein König, aber vor allen anderen denke ich da an einen, der mich rettete." Und zur Verwunderung des Königs fuhr er fort: „Ja, er hat mir einmal, als ich ihm Geld schuldete, auf meine Bitte hin meine ganze Schuld erlassen. Es war eine große Schuld, und sie hätte mich wohl ins Gefängnis gebracht." – „Ein großzügiger Mann", sagte der König, „führ ihn zu mir, ich will ihn um deinetwillen für seine gute Tat belohnen." – „Ihr kennt ihn wohl, mein König", sagte der Diener, „er hat auch euch einmal gedient. Und er tat, wie ich weiß, nicht nur mir, sondern vielen anderen Gutes. Aber gerade sein gutes Herz war es, das ihm Unglück brachte. Denn da er zu keinem Menschen hart und streng sein konnte und von keinem einzufordern vermochte, was dieser ihm schuldig geblieben war, so kam er selber in große Schulden. Es nahm ein schlimmes Ende: Jetzt liegt er dafür im Gefängnis und man hat seine ganze Familie in die Sklaverei verkauft." Da erinnerte sich der König, und es tat ihm leid, was er dem guten Manne angetan hatte. Er befahl ihn freizulassen, kaufte seine Familie zurück und belohnte ihn reichlich. Ja, bald darauf machte er ihn zu einem seiner Minister. –

Was meint ihr: Wird Gott, der gerechte Herr, nicht ähnlich verfahren? Sollte er dem, der selber seinen Brüdern die Schuld erlassen hat, nicht auch seine Schuld vergeben? – Darum sollt ihr künftig beten: Vater, vergib uns unsere Schuld, so wie wir denen vergeben haben, die uns etwas schuldig waren. Und ich sage euch: Euer Vater wird sich an Großzügigkeit von keinem auf Erden übertreffen lassen!

Die schöne Hochzeit

Mattäus 25, 1–12

Die besagte Hochzeit war in jeder Hinsicht gelungen und für alle Beteiligten unvergeßlich, doch ließen sich die fünf jungen Damen nicht gerne daran erinnern. Obwohl sie seither allgemein als die fünf klugen Jungfrauen zu einiger Berühmtheit gelangt waren, hatten sie doch das Gefühl, daß sie einen Fehler gemacht und alles andere als klug gehandelt hatten. Natürlich ließ sich die Geschichte nicht mehr rückgängig machen. Aber sie baten mich, als sie von meinem schriftstellerischen Vorhaben erfuhren, mit Tränen in den hübschen Augen, doch folgende Darstellung in mein Buch aufzunehmen. Auch wenn die Sache, wie sie zugaben, sich in Wirklichkeit etwas anders zugetragen hatte. Wie hätte ich ihnen widerstehen können?...

Eines Tages, so sprach Jesus, und wahrscheinlich knüpfte er an eine Begebenheit an, von der man überall redete: „Ich sage euch: Mit dem Himmelreich wird es sein wie mit zehn Mädchen, die als Brautjungfern zu einer Hochzeit geladen waren. Sie sollten mit ihren Lampen dem Bräutigam und der Braut entgegengehen. Nun waren unter ihnen aber fünf klug und fünf, nun sagen wir höflich: etwas weniger klug. Die nahmen zwar ihre Lampen mit, hatten jedoch nicht an Öl zum Nachfüllen gedacht, falls sich die Sache länger hinziehen sollte. Die Klugen aber nahmen außer ihren Lampen vorsorglich auch noch etwas Öl in kleinen Krügen mit.

Als nun der Bräutigam länger ausblieb, wurden sie unter dem Warten allmählich müde und schlummerten ein. Mitten in der Nacht aber wachten sie von lauten

Rufen auf: „Der Bräutigam kommt, auf, geht ihm entgegen!" Da standen sie schnell auf, machten sich rasch etwas zurecht und wollten gerade ihre Lampen richten. Da stellten die einen mit Schrecken fest, daß sie nicht an Öl gedacht hatten: „Gebt uns von euerm Öl ein bißchen ab!" wandten sie sich an die fünf anderen, „unsere Lampen sind am Erlöschen!"

„Noch schöner", erwiderte die erste, „da hättet ihr früher dran denken sollen!" – „Kommt überhaupt nicht in Frage", sagte die zweite, „das würde weder für uns noch für euch reichen!" – „Was redet ihr lange", rief die dritte, „in derselben Zeit hättet ihr euch längst Öl kaufen können!"

„Aber dann verpassen wir bestimmt die Ankunft des Bräutigams und kommen zu spät zur Hochzeit!" Alle fünf begannen zu weinen.

„Nun heult mal nicht gleich", sagte die vierte und goß gleichmütig Öl in ihre Lampe nach, „wir werden euch beim Bräutigam entschuldigen und ihm sagen, daß einige der Brautjungfern noch nachkommen werden." – „Ich finde", sagte jetzt das letzte der klugen Mädchen, „wir sollten lieber alle zusammenbleiben und redlich unser bißchen Öl teilen. Es kann ja gut sein, daß es für alle unsere Lampen reicht. Und wenn nicht, feiern können wir notfalls auch im Dunkeln!" Also sprach das kluge Mädchen, und es mag wohl sein, daß sie unter den Klugen die Klügste war. Jedenfalls geschah es so, wie sie vorgeschlagen hatte. Und alle fanden nachher, daß es eine wirklich schöne Hochzeitsfeier war.

Die Arbeiter

Mattäus 20, 1–16

Geschichten sind etwas Lebendiges. Sie verlocken dazu, daß man sie weiterentwickelt, daß man sie abwandelt und dann die ursprüngliche Parabel danebenhält. Nicht selten beginnt sie dann neu zu sprechen . . .

Und Jesus erzählte die Geschichte von einem Gutsherrn. „Ja", sagte er, „da war ein Gutsherr, der verließ früh am Morgen sein Haus, um Arbeiter für seinen Weinberg anzuwerben. Bald fand er einige, die bereit waren. Und nachdem er mit ihnen einen Denar als Tageslohn vereinbart hatte, wie es üblich war, schickte er sie zur Arbeit in seinen Weinberg. Um die dritte Stunde, das ist soviel wie 9 Uhr am Morgen, traf er auf dem Markt andere, die noch keine Arbeit gefunden hatten. ‚Geht auch ihr in meinen Weinberg', sagte er ihnen, ‚ich werde euch geben, was recht ist.' Und sie gingen an die Arbeit. Um die sechste und neunte Stunde, also um 12 und um 3 Uhr, ging er wieder hinaus, und wieder schickte er die Arbeitsuchenden in seinen Weinberg. Am späten Nachmittag, also um 5 Uhr, zur elften Stunde, begegnete er weiteren Männern, die am Marktplatz standen: ‚Was steht ihr untätig hier herum?' fragte er. ‚Niemand hat uns Arbeit gegeben', sagten sie. Da hieß er auch sie in seinen Weinberg gehen.

Als nun der Abend kam, trug der Gutsherr seinem Verwalter auf: ‚Rufe jetzt die Leute zusammen, zahle ihnen den Lohn aus. Und bedenke wohl: Einige waren den ganzen Tag über fleißig, andere haben erst am Nachmittag angefangen, und ein paar haben nur eine einzige Stunde gearbeitet. Rechne das genau aus und gib jedem den Lohn, der ihm zusteht, je nach der Leistung, die er erbracht hat!'

Da erhielten die, die am Morgen schon im Weinberg angefangen hatten, den vereinbarten Denar, die anderen entsprechend weniger. Der Lohn wurde ganz gerecht ausbezahlt, und so waren alle zufrieden. Freilich sprang für die, die nur eine einzige Stunde beschäftigt waren, so wenig heraus, daß sie davon nicht einmal ein Brot kaufen konnten, um ihrer Familie daheim ein karges Essen zu bereiten. Da sagte einer der Arbeiter, die für die Arbeit eines ganzen Tages mit einem Denar entlohnt worden waren: ‚Jetzt soll sich zeigen, was wir Arbeiter unter Solidarität verstehen und daß unserer Meinung nach nicht die Arbeitsleistung, sondern der Mensch gilt. Ich schlage deshalb vor: Wir legen alle zusammen. Und dann soll jeder von uns den gleichen Anteil erhalten!' Das fanden alle richtig. Und sie teilten, was sie hatten. Und jeder erhielt genau den gleichen Betrag. Das sprach sich alsbald herum in der kleinen Stadt. Natürlich gab es böses Blut, und manche sagten: ‚So geht das nicht! Wo kommen wir denn hin, wenn die Letzten den Ersten gleichgestellt werden? Wenn die Leistung nichts mehr gilt?' Und da sprachen die Arbeiter: ‚Wir wollen, daß alle gleich viel haben, die Letzten genausoviel wie die Ersten. Oder dürfen wir mit unserem Geld nicht machen, was wir wollen? Seid ihr neidisch, weil wir gut sind zueinander und Solidarität üben?'"

Und Jesus schloß seine Erzählung mit den Worten: „Seht ihr, so, genau so wird es im Himmel Gottes sein: Da sind die Letzten zusammen mit den Ersten. Und alle werden wie Brüder sein und Söhne eines einzigen Vaters!"

Das Gewand

Mattäus 22, 1–13

Ich könnte mir denken, daß Jesus nicht nur selber gerne Geschichten erzählt hat, sondern auch gerne zuhörte, wenn seine Jünger sich darüber unterhielten und seine Worte in immer neuen Wendungen weitererzählten. Ich sehe ihn vor mir, wie er zuhört, lächelnd, will mir scheinen. Es könnte sogar sein, daß er zuweilen applaudiert hat. Und dann nahm er wieder das Wort.

Jesus erzählte viele Geschichten vom kommenden Reich Gottes, und er fand immer neue Vergleiche, um es zu beschreiben:

„Wenn ihr die kommende Herrschaft Gottes verstehen wollt, dann stellt euch einen König vor. Der bereitete eines Tages für seinen Sohn die Hochzeit, und er schickte seine Diener aus, um die Gäste einzuladen. Alles ist bereit, sollten sie sagen, kommt nun zur Hochzeit! Doch die, die er eingeladen hatte, kümmerten sich nicht darum, sondern gingen ihrer Wege. Der eine auf sein Landgut, der andere in seinen Laden, und alle hatten sie Wichtigeres zu tun. Ja, es kam vor, daß sie ärgerlich wurden und die Diener des Königs mit wüsten Beschimpfungen davonjagten. Als der König das hörte, wurde er zornig, und er befahl seinen Dienern, sie sollten an die Straßenkreuzungen gehen und alle, die sie da fanden, zur Hochzeit bitten. So kamen sie denn, Gute und Böse, und der Saal füllte sich mit Gästen. Da trat der König herein, und er traute seinen Augen nicht, als er einen Mann sah, der kein festliches Gewand angezogen hatte. ‚Freund', sagte der König zu ihm, ‚wie konntest du in einer so schäbigen Kleidung hier erscheinen? Weißt du überhaupt, wo du dich befindest?'

Der so Angesprochene senkte den Kopf und schwieg beschämt. Schließlich sagte er: ‚Herr, ich weiß ... Aber als ich auf dem Weg hierher war, sah ich am Straßenrand einen Bettler, der nur Lumpen am Leibe trug. Er tat mir leid, und so gab ich ihm mein Gewand und nahm ihn mit hierher. Und ich zog seine Lumpen an. Bei mir kommt es nicht so darauf an, dachte ich, weil ich ja eingeladen war.' – Und in diesem Augenblick trat der Bettler vor, in einem festlichen Gewand, und verneigte sich tief. Da gebot der König: ‚Setze dich zu meiner Rechten, du Mann in Lumpen. Denn was du einem der Geringsten in meinem Land getan hast, das hast du auch für mich, den König dieses Landes, getan.' – Den Bettler aber hieß er auf der anderen Seite neben sich Platz nehmen."

Das letzte Mahl

Mattäus 26, 20–29 sowie 47–50 und 56

Das Abendmahl, der Verrat und die Flucht der Jünger. Und der geheimnisvolle Tisch, der noch immer gedeckt ist, auch heute und für uns. Meditieren wir es einmal ein wenig anders . . .

Als der Abend kam, setzte sich Jesus mit den Jüngern zu Tisch. Und er sprach: „Der Menschensohn muß zwar den Weg gehen, der in der Schrift vorgezeichnet ist, doch wehe dem, der ihn ausliefern wird!" Und während sie beim Mahl waren, siehe, da nahm Jesus das Brot, sprach den Tischsegen, brach das Brot und gab es seinen Jüngern, indem er sprach: „Nehmt und eßt, das ist mein Leib!" Dann nahm er den Kelch, sprach das Dankgebet und reichte ihn den Jüngern mit den Worten: „Trinkt alle daraus, das ist mein Blut, das Blut des Bundes, das für die Vielen vergossen wird zur Vergebung der Sünden!"

Während er noch redete, kam Judas herein, einer der Zwölf, und bei ihm war eine große Schar von Männern mit Schwertern und Knüppeln im Auftrag der Hohenpriester und Ältesten des Volkes. Der Verräter hatte mit ihnen ein Zeichen vereinbart und gesagt: „Nehmt ihn fest, den ich küssen werde, der ist es!" Und sogleich ging er auf Jesus zu und sagte: „Ich grüße dich, großer Meister!" Und er küßte ihn.

Jesus aber sprach: „Mein Freund, tue, wozu du gekommen bist!" Und sie gingen auf Jesus los, griffen ihn und nahmen ihn fest. Da verließen ihn alle seine Jünger und flohen.

So blieb Jesus denn allein zurück in der Hand seiner Feinde. Er stand an dem Tisch, auf dem alles bereitet

war. Er sah auf das Brot, das noch auf dem Tisch lag, und auf den Kelch mit Wein, der da stand. Wer würde von diesem Mahl essen?

Da sah er uns an, die wir das lesen und zu ihm gehören wollen, und er sprach: „Ich sage euch: Ich werde nicht mehr trinken von der Frucht des Weinstockes bis zu dem Tag, da ich von neuem davon trinken werde im Reich Gottes. Ihr aber, die ihr an mich glauben werdet, eßt und trinkt dies fortan zu meinem Gedächtnis!" Und sie stießen ihn hinaus in die Nacht.

Am Ostermorgen

Mattäus 28, 1–8

Schon Paulus schreibt nach Korinth: „Wie können einige unter euch sagen: So etwas gibt es doch nicht, eine Auferstehung von den Toten! Wurde Christus nicht auferweckt, dann ist alle Verkündigung, dann ist unser Glaube sinnlos. Dann stehen wir als falsche Zeugen da" (1 Kor 15, 12). Doch es ist schwer, dieses Unglaubliche zu glauben. Wir müssen zusehen, daß wir die Zumutung der Auferstehungsbotschaft nicht ins Menschlich-Verständliche umbiegen und auf unser Begreifen zurechtstutzen, etwa so ...

Am ersten Wochentag, noch im Morgengrauen, gingen Maria von Magdala und die andere Maria hinaus vor die Stadt, um nach dem Grab Jesu zu sehen. Sie fanden den Ort und schmückten die Grabstätte mit den Blumen, die sie mitgebracht hatten. Und während sie da standen, erinnerten sie sich an alles, was Jesus gesagt und getan hatte, und ihre Augen füllten sich mit Tränen. All das war ja nun vergangen und würde nie wiederkehren. Doch da erschien es ihnen, als hörten sie seine Stimme sagen:

„Habt keine Furcht und seid nicht traurig, weil ihr mich sucht und hier nicht mehr findet. Für den, der glaubt, bin ich nicht tot, sondern lebe. Geht nun und sagt es meinen Jüngern: Ich werde ihnen vorausgehen. Sie werden es sehen!"

Da sahen sich die Frauen an, und mit einem Male wußten sie, was er ihnen über den Tod hinaus sagen wollte. „Das ist nicht das Ende", sagten sie zueinander. „Nun wissen wir: Seine Sache wird weitergehen. An uns ist es nun, daß sie weitergeht!"

Und sie verließen entschlossen das Grab und gingen zurück, mit Furcht und zugleich mit großer Freude, und sie beeilten sich, den Jüngern alles das zu sagen, was ihnen selber zu einer Gewißheit geworden war:

„Er ist tot", sagten sie, „aber das heißt nicht, daß auch das tot ist, was er uns gewesen ist. Nein, seine Sache wird weitergehen! Alles, was er uns bedeutet, was er gesagt und an Gutem gewirkt hat, das darf, das kann nicht sterben. Das wird in unserer Erinnerung weiterleben. Wohin wir auch gehen werden, was wir auch in Zukunft tun, er soll immer bei uns sein. Er wird uns unsichtbar vorangehen!"

Und die Jünger, die in ihrer Trauer alle Hoffnung verloren hatten, faßten neuen Mut. „Ja", sagten sie zueinander, „die Sache Jesus geht weiter. An uns ist es nun, daß sie weitergeht!"

Rund um das Feuer

Johannes 21, 24–25

Ganz am Ende des Johannes-Evangeliums steht zu lesen, vieles von dem, was Jesus gesagt und getan hat, sei nicht aufgeschrieben worden. Schon weil die ganze Welt die Bücher nicht fassen könnte, die man dann hätte schreiben müssen. Begreiflich, aber doch schade. Vielleicht tauchen deshalb immer neue Jesusgeschichten auf, so wie diese zum Beispiel ...

In jener Zeit kam einer zu Jesus und begann zu fragen: „Meister, wir alle wissen, daß du von Gott kommst und die Wege der Wahrheit lehrst. Aber was deine Jünger angeht, dein Gefolge oder deine Gemeinde, wie du das nennen magst – so muß ich gestehen, daß mir das nicht besonders zusagt, im Gegenteil. Erst kürzlich hatte ich wieder eine heftige Auseinandersetzung mit einem deiner Getreuen. Und wie jeder weiß, sind sich deine Jünger untereinander auch nicht immer einig. Ich möchte deshalb ganz offen fragen: Kann man nicht auch so zu dir gehören, ich meine: ohne besondere Beziehungen mit deinen sogenannten Anhängern zu unterhalten. Ich möchte dir schon folgen und sozusagen ein Christ sein, aber ohne die sogenannte Gemeinde, ohne Kirche und all das ...!?"

Da sah ihn Jesus aufmerksam an. „Hör zu", sagte er dann, „ich will dir eine Geschichte erzählen:

Da waren ein paar Männer, die saßen eines Tages im Gespräch zusammen. Als nun der Abend kam und die Dunkelheit hereinbrach, trugen sie Holz herbei zu einem Holzstoß und entfachten ein Feuer. Da saßen sie miteinander, die Glut des Feuers wärmte sie, und der Schein der Flammen erhellte ihre Gesichter. Da war aber nun einer unter ihnen, der wollte nicht länger im Kreis bei den anderen sitzen, sondern für sich allein. So nahm er einen brennenden Holzspan vom gemeinsamen Feuer und setzte sich damit abseits, fern von den andern. Der glimmende Span leuchtete auch ihm und strahlte Wärme aus. Bald aber ließ die Glut nach, und der alleinsitzende Mann spürte erneut die Dunkelheit und die Kälte der Nacht. Da besann er sich und nahm das schon erkaltete Stück Holz und trug es zurück in die Glut des großen Feuers, wo es sich erneut entzündete und Feuer fing und zu brennen begann. Und der Mann setzte sich wieder in den Kreis der andern. Er wärmte sich auf, und der Schein der Flammen erhellte sein Gesicht."

Und Jesus fügte hinzu: „Wer zu mir gehört, ist dem Feuer nahe. Ja, ich bin gekommen, um das große Feuer auf der Erde zu entzünden, und wie sehr sehne ich mich danach, es hell auflodern zu sehen!"

III

Geschichten – Im Alltag sind die Wunder rar…

Was in den Evangelien geschrieben steht, ist unerschöpflich. Unentwegt regt es an: zum Nachdenken, zum Handeln, zum Erzählen. Fangen wir es noch einmal anders an. Gehen wir vom Leben aus, wie es sich abspielt, und beziehen wir es dann zurück auf das, was geschrieben steht.

Das Leben der Christen, das Leben der christlichen Gemeinde, das ist ja ein lebendiges Evangelium, sollte es zumindest sein. Manche meinen, dies sei womöglich sogar die einzige Weise, wie auch diejenigen die Botschaft noch vernehmen, die das Buch selber, die Heilige Schrift, kaum je einmal zur Hand nehmen. Eine Predigt erreicht sie nicht mehr, die bestgemeinte Verkündigung läßt sie kalt, und je feierlicher die Worte daherkommen, um so schneller schalten sie ab, die Leute. Auf Ermahnungen reagieren sie unwillig.

„Sagen lassen sich die Menschen nichts", meinte *Bernard Brentano* einmal, „aber erzählen lassen sie sich alles." Erzählen wir also, schildern wir, wie es zugeht unter den Christen, in der Gemeinde, im menschlichen, ach allzumenschlichen Leben. Vielleicht erkennen wir wie in einem Spiegel, zuweilen einem Zerrspiegel oder in doppelter Spiegelung, eben doch ein Stück der Botschaft Jesu: das eine Mal unmittelbar angezielt, dann wieder auf Umwegen oder nur wie von ferne angedeutet. Erzählen wir, wie es wäre, wenn — oder warum es nicht so ist wie. Spielen wir auch hier mit den Möglichkeiten, lassen wir etwas in Gang kommen. Denn, so notiert *Max Frisch* einmal in sein Tagebuch, „vielleicht gehört es überhaupt zum Genuß des Lesens, daß der Leser vor allem den Reichtum seiner eigenen Gedanken entdeckt".

Die Brotvermehrung also aus der Sicht eines deutschen Touristen. Die Seligpreisungen in der Mühle der Experten. Oder ein Jesuswort, das in synodale Beratungen gerät oder erbaulich in einen Schaukasten. Und siehe da: da ist der verlorene Sohn, die wiedergefundene Münze, das Senfkorn, der Mann mit dem einen Talent, das „werden wie die Kinder", all das taucht auf. Vom Pfarrer und seinen tüchtigen Mitarbeitern ist die Rede, von Planung und Zielgruppen, von Erfolg und Mißerfolg. Die ganze Last, Lust und auch List des Gemeindealltags füllt den Vordergrund. Ich hoffe, das alles ist nicht nur einigermaßen zutreffend, sondern auch mit Liebe geschildert. Vor allem aber mit Humor. Denn es ist im letzten eben doch eine frohe und, wenn man's genau nimmt, sogar eine fröhliche Botschaft.

„Selig sind . . .“

Mattäus 5, 3

Die Bibel ist ein heiliges Buch, so alt, so ehrwürdig, daß die meisten Menschen sie heute kaum mehr in die Hand nehmen. Darum ist es nötig, wie jedermann einsehen wird, die überlieferten Worte so in die Sprache der heutigen Zeit zu übertragen, daß auch der sogenannte moderne Mensch sie versteht und sich davon angesprochen fühlt. Mit dieser Aufgabe einer gründlichen Übersetzung aus dem Griechischen einer längst vergangenen Zeit in die heutige Art zu sprechen kann sich unsereiner freilich nicht befassen. Da müssen schon wirkliche Experten her. Und auch die können das nicht einfach aus dem gelehrten Ärmel schütteln. Wenn eine so schwierige Sache gelingen soll, müssen sie schon gemeinsam zu Werke gehen und sich miteinander die Köpfe zerbrechen.

Doch keine Angst, liebe Leser, sie tun es. Gerade haben sie sich wieder versammelt zu einer Sitzung: die Fachleute der Bibelkunde, der angrenzenden Wissenschaften, die Spezialisten älterer Geschichte und die Experten der Sprache, der verbalen Kommunikation. Nach einem anregenden Vortrag eines Kollegen über „Die Verwendung des Wortes Prototokos bei den Pseudoepigraphen" und dem Mittagessen sind sie nun dabei, die Bibel zu übertragen. Ganz vorne, wie es sich gehört, haben sie angefangen. Bei Mattäus, was man neuerdings auf Rat der Experten ohne „h" schreibt. Und nun stehen sie am Anfang des 5. Kapitels, welches, wie man weiß, die Bergpredigt Jesu enthält. Genauer gesagt, stehen sie bei Vers 3: „Selig die Armen im Geiste, denn ihrer ist das Himmelreich!" Ehrlich gesagt, sind sie noch

gar nicht über das erste Wort hinausgekommen, jenes griechische Wort „Makarioi", das man gemeinhin mit „Selig" zu übersetzen pflegte. Die alten Griechen bezeichneten mit diesem poetischen Wort das allen irdischen Sorgen enthobene Glück der Götter. Nie wird es den Menschen hienieden zuteil, allenfalls den Seligen im Totenreich. Erst in späteren Zeiten gebraucht man es auch für Lebende, die man preisen und rühmen will. In seinem Evangelium gibt Mattäus damit wieder, was Jesus im Aramäisch seiner Zeit bei der Bergpredigt ausgerufen hat: das Programm des christlichen Glückes im Anbruch des Königreiches Gottes.

Welches deutsche Wort aber soll man dafür nehmen? „Selig?" Das sei nun wirklich überholt, befinden einige, das sage heute keiner mehr, das sei eindeutig zu fromm. „Glücklich?" Das wiederum finden andere zu irdisch. Das erinnere an Schlager, wenden ein paar ein. „Freuen dürfen sich" oder „freuen sollen sich", wie vorgeschlagen wird, erscheint den meisten zu schwach. Die Formulierung „Gott liebt die, welche . . ." spiegele nur indirekt das Wohl des Menschen. Vielleicht „Wohl denen"? Einige sind dafür, andere dagegen.

Eine Lösung ist nicht in Sicht, obwohl inzwischen dichte Rauchschwaden die gelehrten Köpfe umhüllen wie einstens den Sinai, als Gott sein Machtwort sprach. Da findet endlich ein Vorschlag einhellige Zustimmung: der, eine Kaffeepause einzulegen. Eine gute Idee, und dabei geschieht, wie so oft, nun auch in unserem Falle etwas, was die Beratungen entscheidend vorantreibt. Aber hübsch der Reihe nach. Zunächst lockert sich die Stimmung. Man erzählt, man lehnt sich zurück, man lacht wieder. Dann bemerkt einer, daß im Restaurant am Nebentisch zufällig die drei Kinder des Hausmeisters „Mensch, ärgere dich nicht" spielen. Da kommt einer der bedeutenden Schriftgelehrten auf die Idee, den dreien ein Eis zu spendieren, was die Kinder natürlich überaus entzückt. Und was wieder einmal beweist, daß Gelehrte zuweilen durchaus gute Einfälle haben. So schaut denn bald die gesamte Kommission zu den Kindern hinüber, die mit glänzenden Augen an ihrem Eis löffeln.

Und da geschieht es also, daß einer der Experten der Bibel und der Sprache sozusagen an der Basis rückfragt, indem er sie anspricht, die Kleinen, die ihr Eis lecken: „Ihr Lieben", sagt er zutraulich, „man sieht, daß ihr euch freut. Wie sagt ihr da jetzt?" — „Danke schön!" antwortet das Älteste pflichtschuldig. Aber der gelehrte

Mann forscht weiter: „Ich meine, wie fühlt ihr euch jetzt? Beschreibt das doch mal! Sagt ihr jetzt ‚wohl uns!', oder sagt ihr ‚selig sind wir!' Oder wie würdet ihr das sonst ausdrücken?"

Die Kleinen schauen sich erst einmal an und wissen nicht so recht, was der Onkel nun von ihnen hören will. Da sagt das zweite, ein Mädchen: „Also, ich fühl' mich Klasse!" – „Echt super!" nickt das Kleinste. Und der Älteste leckt noch einmal genüßlich an seinem Eis und bestätigt: „Irre gut!"

So hörten denn die Fachleute der Bibel und der verbalen Kommunikation die Sprache des Volkes. Aber sie konnten sich dann nachher doch nicht entschließen, den vernommenen Anregungen zu folgen. Und so entschieden sie sich schließlich zu einem Kompromiß: die Befürworter des Ausdrucks „selig" und die Partei, die das Wort „glücklich" favorisiert hatte, einigten sich auf „glückselig".

Aber sooft sie später auch dieses Wort lasen und in Vorträgen über die „Makarismen der Bergpredigt" sprachen – sie hatten dabei stets drei strahlende Kindergesichter und drei Eisbecher vor Augen. Und darum wird man, so scheint mir, das Wort „glückselig" im Sinne der Übersetzer-Kommission erst dann richtig ermessen können, wenn man dabei ein bißchen an Kinder denkt, die Eis essen und sich dabei „echt super", „Klasse" oder „irre gut" fühlen.

In der Regel

„Wer mir nachfolgen will ...“

Markus 8, 34

Die Synode der deutschen Bistümer ist – wie mir einer, der es wissen muß, versicherte – ein großes, epochemachendes Ereignis gewesen. Einer der Teilnehmer erklärte uns an einem Beispiel, das natürlich frei erfunden ist, wie ein Synodenpapier entstehen kann.

„Wer mir nachfolgen will, der nehme sein Kreuz auf sich und folge mir nach!" Ein bekanntes und schlichtes Wort, das im Evangelium zu lesen ist. Seine Bedeutung wird freilich erst dann so richtig erkennbar, wenn es zum Gegenstand synodaler Beratungen wird. Nehmen wir es einmal so an:

Natürlich erscheint dieser knappe Satz der zuständigen Sachkommission schon beim ersten Drüberlesen als zu schroff und nicht auf alle Gegebenheiten anwendbar formuliert. Daher beantragt der Synodale U., den festen Rat, das Kreuz auf sich zu nehmen, durch ein „in der Regel" zu mildern. Dies, so meint er, deute immer noch die Richtung des Gemeinten an, trage aber doch auch besonderen pastoralen Situationen in einigen Bistümern Rechnung. Dies findet Zustimmung. Als nächster weist der Synodale D. mit beredten Worten auf die Gefahr hin, man könne aus dem Wörtchen „will" womöglich eine ungebührliche Betonung subjektiven Wollens herauslesen. Er plädiert für Streichung. Trotz der Gegenrede der Synodalin R., die nicht ihren besten Tag hat, holt er eine knappe Mehrheit heraus für die Fassung: „Wer mir nachfolgt, der nehme in der Regel ..."

Fünf Wochen später, in der nächsten Sitzung – der zweifach geänderte Satz ist mit dem Protokoll rechtzeitig allen Kommissionsmitgliedern schriftlich zugegangen – steht er erneut zur Debatte. Der magenkranke Synodale M., der beim letzten Mal leider verhindert war, an den Beratungen teilzunehmen, stößt sich sogleich an der Formulierung „der nehme ..." Darin muß er lesen, man wolle die Nachfolge dem Betroffenen lediglich anraten. Zudem erinnere ihn dieser Ausdruck gewissermaßen an Kochrezepte. Um derartige assoziative Mißverständnisse von vornherein auszuschließen, habe er folgende Neufassung des Textes ausgearbeitet: „Die vom Herrn eindeutig geforderte Nachfolge besagt in der Regel das Aufnehmen des dem angerufenen Jünger spezifischen Kreuzes und damit die Nachfolge des Herrn durch eben diesen Jünger." Dies findet Zustimmung. Ebenso der Hinweis, das Wort „eindeutig" könne man streichen; der Ausdruck „gefordert" sei stark genug, um das gemeinte Anliegen zu verdeutlichen.

Eine längere Debatte gibt es bei der nächsten Sitzung um den Vorschlag mehrerer synodaler Sprecher, den letzten Teil des Satzes, der stilistisch wie inhaltlich den Satzanfang nur unnötig wiederhole, überhaupt zu streichen. Einige sprechen dagegen, doch erinnert der Vorsitzende rechtzeitig an die Mahnungen der Zentralkommission, die Vorlagen entschieden zu straffen. Der noch eine Stunde vor Schluß der Sitzung von einer Tagung angereiste prominente Synodale T. weist auf mögliche Bedenken der Exegeten hin: Das vorliegende Jesuswort von der Nachfolge sei uns schließlich nur als ein durch die Urgemeinde vermitteltes bekannt und dürfe darum nicht so unbefragt, wie im Text geschehen, als direkt jesuanisch postuliert werden. Unter Zeitdruck achtet nun die Kommission nicht mehr auf den Synodalen R., der noch einmal sein Anliegen vorträgt, die Bibel gehöre in jede Arbeiterhand, sondern einigt sich mit zwei

Enthaltungen, folgende Fassung zur 1. Lesung in die Vollversammlung einzureichen:

„Die nach dem Zeugnis der Evangelien dem Herrn selbst zugeschriebene Aufforderung zur Nachfolge besagt in der Regel das Aufnehmen des dem jeweiligen Jünger spezifischen Kreuzes durch denselben."

Zur 1. Lesung in der Vollversammlung werden zu dem vorliegenden Satz insgesamt 21 schriftliche Änderungsanträge eingereicht. Davon werden nach mehrstündiger Beratung 9 abgelehnt und 12 überwiesen.

Zwei Monate später schon gelingt es der Sachkommission bei ihrer nächsten Sitzung, sich auf folgende neue Textfassung zu einigen, in die alle Anträge eingearbeitet sind:

„Sofern uns das Zeugnis der Evangelien als ein sowohl damals entstandenes als auch in der heutigen Weltsituation gültiges authentisch überliefert ist, besagt die darin dem als dem Christus geglaubten Jesus von Nazaret zugeschriebene und von der durch die Zeiten pilgernden Kirche als seines geheimnisvollen Leibes treulich tradierte Aufforderung zur Nachfolge in Glaube, Hoffnung und Liebe in der Regel das Akzeptieren des dem jeweiligen Jünger je und je eigenen und Schicksal und Tod bezeichnenden Kreuzes, jedoch nur, wo dies möglich und üblich ist und wo dem nicht ernsthafte Bedenken des Pfarrgemeinderates wie auch gegebenenfalls des Pfarrers, der dabei im Regelfall der Zustimmung des Dekans bedarf, entgegenstehen."

Die Sachkommission glaubt, für die 2. Lesung ein brauchbares Arbeitspapier erstellt zu haben. Auf die Frage eines Zeitungsmenschen, ob man dies nicht auch einfacher sagen könne und so, daß man es an der Basis verstehe, meinte man allgemein, damit sei die Synode überfordert.

Jesus in der Messehalle oder ein Vorkommnis auf dem Kirchentag

„Mein Reich ist nicht von dieser Welt."

Johannes 18, 36

Etwas Häßlicheres als diese riesige graue Messehalle läßt sich kaum denken. Brutale Zweckmäßigkeit. Aber in der glühenden Mittagssonne dieses Evangelischen Kirchentages verspricht sie Schatten und eine gewisse Kühle. So strömen denn zur angesetzten Forumveranstaltung an die tausend vorwiegend Jugendliche in die Halle und besetzen die dichten Reihen der Klappstühle. Später Kommende montieren kurzerhand die hinteren Reihen ab, schleppen die Stühle in die Mittel- und Seitengänge. Andere lassen sich auf dem Boden nieder. An der Bedenkenlosigkeit und Ungeduld, mit der sie vorgehen, merkt man gleich: Es ist nicht nur die Kühle, die sie hierher gelockt hat. Sie wollen die berühmt-berüchtigte Theologin auf dem Podium bei ihren Attacken auf das gegenwärtige System erleben, und dies möglichst aus der Nähe. Wer sie wirklich noch nicht erlebt hat und kennt – es scheint hier oder da noch derart Unbedarfte zu geben –, findet hilfreiche Nachbarn, die sie ihm zeigen. Da sitzt sie, da vorne, mit ihren Diskussionspartnern bescheiden am gleichen Tisch. Sie macht eigentlich, wenigstens vorerst, einen bescheidenen und friedlichen Eindruck. Wie eindeutig ihr die Sympathien der Masse gehören, wird sogleich deutlich, als der Gesprächsleiter über die ohrenbetäubenden Lautsprecher ihren Namen nennt, nicht ohne ihre Bedeutung entsprechend hervorzuheben. Eine Minute Applaus ist ihr sicher. Die Gesprächspartner werden anschließend genannt, da regt sich kaum eine Hand: die kennt sowieso keiner. Nur der Vertreter einer sich noch immer christlich nennenden Partei findet eine gewisse Beachtung: Buhrufe und Pfiffe. Daß er – wie meist – auch hier die Rolle des Opfers, des Buhmanns zu spielen hat, wußte er vorher, bekommt es aber sogleich zu spüren. Damit auch sonst gleich von Anfang an alles klar ist, besetzen etwa zwanzig verwegen aussehende junge Leute das Podium – der Gesprächsleiter hindert sie nicht, wie auch? – und entrollen ein breites rotes Transparent, auf dem zu lesen ist, was den meisten der Zuhörer selbstverständlich ist: „Im Sozialismus allein ist Heil!" Dann wird ein zweites Spruchband entfaltet: „Weg mit der Faschistensau!", eine Parole, die daraufhin minutenlang in Sprechchören gerufen wird. Als der zu seinem eigenen Erstaunen damit gemeinte christliche Demokrat im Lauf der nun folgenden Diskussion bessere soziale Hilfeleistungen fordert, bekommt er Rufe wie „Heuchler!" zu hören und muß schließlich vor den anhaltenden rhythmischen Rufen „Auf-hö-ren! Auf-hören!" die Waffen strecken. Der Gesprächsleiter hat ihm ohnehin bereits das Mikrophon entzogen, so bewegt er den Mund wie ein stummer Fisch und schließt ihn dann achselzuckend. Die gefeierte Theologin rettet die Situation, indem sie sich das Mikrophon greift und nur einen einzigen Satz sagt, der sogleich allgemein Jubel auslöst: „Ich für meinen Teil lehne es ab, von der Scheißposition caritativ verbrämter Heuchelei aus zu diskutieren!" Es ist nur zu verständlich, daß fortan sie es ist, die spricht. Nach einer guten halben Stunde bekommen dann auch die Zuhörer Gelegenheit, mitzudiskutieren und Fragen zu stellen. Was sie vorbringen, sind freilich eher Anklagen.

Nach drei Wortbeiträgen kommt als vierter ein junger Mann nach vorne. Er geht ans Mikrophon, schaut die vielen Leute an und spricht: „Amen, ich sage euch: Ihr sollt nicht nur die lieben, die ihr für eure Freunde und Gesinnungsgenossen haltet, sondern alle, vor allem die, die ihr als Feinde betrachtet. So will es mein himmlischer Vater, der mich gesandt hat!" – Mehr ist nicht zu verstehen in dem Gelächter, das sich nun über die ganze riesige Halle hin ausbreitet. Der junge Mann schaut die Tobenden an, die ihn auslachen und verhöhnen. Er schaut nicht unfreundlich, eher ein wenig traurig und als verstehe er nicht, über die brüllende Menge hin. „Mein Reich ist nicht von dieser Welt!" ruft er noch, ehe man ihn vom Podium stößt.

„Fünf Gerstenbrote und zwei Fische ...“

Johannes 5, 45–6, 15

Eigentlich schade, daß wir die biblischen Geschehnisse, vor allem auch die Wunder nur aus den meist recht knappen Berichten der Evangelien kennen. In einem Fall stellte sich jetzt allerdings heraus, daß auch eine Gruppe deutscher Touristen zufällig dabei war. Einer davon berichtete in einem Brief an die Familie daheim.

Meine Lieben!

Viele Grüße aus dem Heiligen Land. Heute waren wir am See Gennesaret, der hier seltsamerweise Kinneret heißt. Wir haben auch Kafarnaum besichtigt, was alles unvergeßliche Eindrücke sind. Anschließend sind wir mit unserem Egged-Bus noch etwas in der Gegend herumgefahren, und da hatten wir ein tolles Erlebnis: Stellt Euch vor, plötzlich saß da eine ungeheure Masse Menschen, alles Einheimische, vor uns im Freien auf einer Wiese. Es gab auch ein paar Frauen und Kinder, aber in der Hauptsache Männer, bestimmt ein paar tausend. Wir schrien natürlich gleich: Anhalten! und dann raus und nichts wie hin, um zu fotografieren. Ich dachte erst, das ist 'ne Art Parteiversammlung oder so was. Aber Gideon, unser Geid, das ist, glaube ich englisch und heißt soviel wie Reiseleiter, also der Gideon, übrigens ein prima Kumpel, der sagte: Nein, da geht es um Religion. Das ist der Rabbi Jeschu. Wo der auftaucht und redet, da ist immer was los. Und meistens passiert auch ein Wunder. Vor kurzem erst hat er in Kana, einem Dorf drüben bei Nazaret, einen kleinen Jungen geheilt. Wenn wir Glück haben, gibt es heute wieder was zu sehen. Na, wir haben uns unter die Menge gesetzt, und mit meinem Fernglas konnte ich den Rabbi auch genau sehen. Also der Mann war schon ein Erlebnis. Der konnte reden, da könnt Ihr Euch keine Vorstellung von machen! Wir haben natürlich kein Wort verstanden, aber die Leute schienen alle sehr beeindruckt. Gideon übersetzte uns ein bißchen von seiner Rede. Also es ging ungefähr darum, daß Mose – hier sagen sie immer Mosche – ihr Richter sein wird, und sie müßten ihm, dem Rabbi, glauben, so ungefähr, er sage nur, was in den Schriften steht.

Und wie wir da so sitzen und fotografieren – ein ganzer Film, sechsunddreißig Dias gingen dabei drauf, einfach sagenhaft, die Motive! –, da kommt auf einmal Bewegung in die Leute um uns rum. Ein Wunder, dachte ich schon, aber da sah ich, daß man Brot verteilte, so dünne runde Fladen. Auch uns hat man welches angeboten. Wir haben anstandshalber auch ein Stück genommen, sicher wären sie sonst beleidigt gewesen. Aber die andern ließen wir zurückgehen. Schlecht schmeckte es eigentlich nicht, nur – so ohne was drauf – ein bißchen fad. Eine ziemlich trockene Angelegenheit, zumal es nichts zu trinken gab. Nachher hat uns einer noch Fisch angeboten. Stellt Euch vor, bei dieser Hitze! Aber die Leute waren offensichtlich ganz aus dem Häuschen vor Begeisterung. Schade, daß unser Bus tutete, so mußten wir weiter. Wir wollten ja zum Abendessen in Tiberias sein. Aber es war schon ein Erlebnis. Morgen hört Ihr mehr.

PS. Stellt Euch vor, heute steht angeblich in der Zeitung, die Leute wollen den Rabbi Jeschu zum König machen. Und es hat gestern anscheinend doch ein Wunder gegeben: Das Brot soll sich auf unerklärliche Weise vermehrt haben. Ist das nicht toll? Und wer hat das miterlebt? Euer Vati! Ihr seht, mir geht es gut. Aus Jerusalem schreibe ich wieder. Es grüßt Euch mit „Schalom"!

Euer Vati.

Der Schaukasten

„... der kann nicht mein Jünger sein ...“

Lukas 14, 26

Seit einem halben Jahr kann man vor der Kirche einen neuen Schaukasten sehen. Schön lackiert, ist er nun wirklich eine Zierde des Kirchplatzes. Und wie es immer geht, wenn etwas neu ist, auch die Gestaltung des Aushanges hat sich in diesem Schaukasten sichtlich verbessert: In schöner Schrift ist die wöchentliche Gottesdienstordnung zu lesen. Plakate und Schaubilder lenken die Blicke auf sich. Zwei schreibbegabte Damen haben sich zudem bereit erklärt, den jeweiligen Kernsatz des Sonntags-Evangeliums in Kunstschrift zu malen. So kann jeder die Worte des Herrn noch einmal auf sich wirken lassen. Der Pfarrer versprach, die der Predigt zugrundeliegenden biblischen Worte jeweils eine Woche vorher aufzuschreiben und nach der Frühmesse den beiden Damen zu überreichen, damit sie während der Woche an die Arbeit gehen könnten.

So auch diesmal. Der Pfarrer suchte aus dem Evangelium nach Lukas die entscheidenden Worte Jesu heraus, tippte sie auf seiner Schreibmaschine, und als die Damen in der Sakristei erschienen, konnten sie, wie verabredet, die heiligen Worte in Empfang nehmen: „Wer zu mir kommt und Vater und Mutter, Frau und Kinder, Brüder und Schwestern, ja sich selber nicht haßt, kann nicht mein Jünger sein!“ (Lukas 14, 26)

Ein eindrucksvolles Wort, das zur Nachfolge ruft, hatte der Pfarrer beim Schreiben gedacht, und er empfahl den Künstlerinnen der Schönschrift, vielleicht die Worte „Wer“ und „mein Jünger“ in besonders großen Buchstaben zu zeichnen, als Blickfang sozusagen.

Doch nun wollen wir uns mehr den beiden Damen

zuwenden, die sich, wie sich denken läßt, mit allem erdenklichen Eifer und unter Zuhilfenahme ihrer von Gott geschenkten Talente alsbald daranmachten, die Worte Jesu eindrucksvoll zu malen. Sie nahmen dazu einen großen weißen Bogen Papier, das Lineal sowie den Radiergummi und spitzten ein paar Bleistifte, ehe sie an den Entwurf gingen. Gleichmäßig verteilten sie die Wörter auf die Seite, das erste Wort „Wer" sollte in großem Schwung den Anfang bezeichnen, und auch den Worten „mein Jünger" räumten sie den doppelten Platz ein. Bald waren sie mit ihrem Entwurf zufrieden. Schön sieht es aus, stellten sie fest. Dann holten sie einen großen Zeichenkarton, dazu die Schreibfedern und die rote und schwarze Tusche. So hätte denn das kunstvolle Werk eigentlich vollendet werden können, wenn nicht ...

Nun, es geschah etwas, was die beiden guten Seelen in Verwirrung stürzte. Und das kam so: Bei ihrer Arbeit ließ die eine der beiden plötzlich die Feder sinken und sagte zu der andern: „Du, schau doch einmal: Hier stimmt etwas nicht!" Und dann lasen sie beide, was sie in Kunstschrift geschrieben hatten. Sie sahen sich an und fanden bei näherem Zusehen, daß es geradezu empörend klang. Aber sie entdeckten, daß der Herr Pfarrer es so, genau so aufgeschrieben hatte: „Wer zu mir kommt und ... nicht haßt ..." – Du lieber Himmel, so etwas konnte der liebe Heiland doch nie und nimmer gesagt haben. Da war doch ein böses „nicht" unbegreiflicherweise in die heiligen Worte geraten und hatte sie ins gerade Gegenteil verkehrt! Vielleicht hatte der Teufel selber ... Aber man sah daraus, daß nicht einmal ein Hochwürdiger Diener Gottes wie der Herr Pfarrer vor Irrtum gefeit war. Nur gut, daß sie es gerade noch rechtzeitig bemerkt hatten. Und so schrieben sie denn auf einen neuen Karton und vielleicht noch schöner:

„Wer zu mir kommt und Vater und Mutter, Frau und Kinder, Brüder und Schwestern, ja sich selber haßt, kann nicht mein Jünger sein!" Erleichtert atmeten sie auf.

Am Sonntag konnten es alle im Schaukasten lesen. Und sie fanden, daß es doch ein sehr schönes erbauliches Wort war. Dem Herrn Pfarrer wollten die Schwestern zunächst nichts sagen, um ihn nicht zu beschämen. Aber wie es so geht, überall wo Menschen sind, die eine der beiden konnte sich dann doch nicht bezähmen und ihr Geheimnis für sich behalten, und so erzählte sie halt eben doch, daß sie den schrecklichen Irrtum gerade noch rechtzeitig bemerkt hätten. Nicht auszudenken, was sonst geschehen wäre . . .

Der Pfarrer erkannte sogleich, als er das kunstvolle Produkt besah, daß die Worte des Herrn zumindest verändert, ja ins Gegenteil verkehrt waren. Aber er brachte es nicht übers Herz, den Eifer der Seinen zu dämpfen. Und er hoffte im stillen, Jesus, der ja ein Herz für die Mühseligen und Beladenen hatte, würde in diesem Fall auch für einen kleinen Gemeindepfarrer und seine nicht immer einfache Lage ein wenig Verständnis aufbringen.

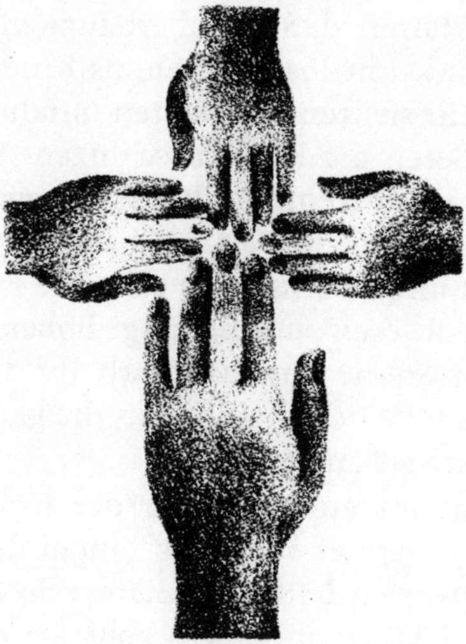

Auf dem Kinderspielplatz

„Wenn ihr nicht werdet wie ..."

Mattäus 18, 1–4

Eines Nachmittags kam der Pfarrer auf dem Weg zu einem Kranken an einer Schar spielender Kinder vorbei. Obwohl er Jesus, den Herrn, im heiligsten Sakrament bei sich trug, blieb er stehen und schaute eine Weile zu. Er hatte die Kinder gern und wußte sich darin einig mit Jesus. Der hatte die Kinder ja auch zu sich gerufen und sie umarmt und gesegnet. Segne all die Kinder, Herr, dachte der Pfarrer, schau, wie sie spielen. So haben wir auch gespielt, als wir klein waren! Doch als er genauer hinsah, mußte er einiges bemerken, was ihm durchaus nicht gefiel: Ein paar der Kinder ärgerten einen alten Mann, der vorüberkam, sie streckten ihm die Zunge heraus und riefen ihm Schimpfwörter zu. Es schien dem Pfarrer, daß sie überhaupt viel lauter und wilder und rücksichtsloser waren als Kinder früher und eigentlich mehr stritten als spielten miteinander. Er sah, daß die Größeren die Kleinen schlugen. Wenn sie sich jagten, nahmen sie keinerlei Rücksicht auf die Vorübergehenden, rempelten sie an, und fast hätten sie einen Kinderwagen umgeworfen. Als eine alte Frau mit einem gekrümmten Rücken vorüberging, hoben ein paar der Größeren gar Steine auf, um nach ihr zu werfen. Da ging der Pfarrer zu der alten Dame, die ganz erschrocken war, und nahm sie an der Hand.

Er ging mit ihr auf die Schar der Kinder zu. „Was fällt dir ein", sagte er streng zu einem der Jungen, die die Steine geworfen hatten, „schämst du dich nicht?" — „Nein, wieso? Überhaupt, was geht Sie das an?" sagte der trotzig und schaute nach den andern, die nun doch ein bißchen unsicher waren. „Weißt du, wer ich bin?" wandte sich der Pfarrer an einen, den er kannte; er war einmal Meßdiener gewesen. „Klar, der Pfarrer", sagte der, „Sie reden immer vom Jesus und dem Himmel." — „Und warum verprügelt ihr die Kleinen?" — „Die sollen sehen, daß wir hier die Bosse sind!" — „Und warum werft ihr Steine nach der alten Frau hier?" —

Einen Augenblick sagten sie nichts, dann meinte einer: „Weil es uns Spaß macht. Verstehen Sie: Spaaß! Kinder müssen immer tun, was ihnen Spaß macht, das sollten Sie aus dem Fernsehen wissen!" — „Unser Lehrer sagt das auch", grinste ein Junge, „sonst werden wir Kinder nämlich frustriert!" — O Jesus, dachte der Pfarrer, du siehst, die Zeiten haben sich geändert! Und dann wandte er sich wieder an die Kinder, die im Kreis um ihn standen, und fragte sie: „Glaubt ihr wirklich, daß die da die Größten sind, nur weil sie Kleine und alte Frauen verprügeln? Ich will euch eines sagen: Wer bei euch der Größte sein will, der soll erst einmal zeigen, daß er den Kleineren helfen kann und Achtung, vor den Schwächeren hat, vor der alten Frau hier zum Beispiel!" Und er zog die alte Dame mit ihrem krummen Rücken mitten in den Kreis der Kinder. „Und das sage ich euch: Wenn ihr euch nicht ändert und so werdet wie diese alte Dame hier, die die ganze Zeit noch kein böses Wort gefunden hat, dann werdet ihr nicht in den Himmel kommen, nein, niemals, ihr nicht! Wer so arm dran ist wie sie und so tapfer ist, der ist der Größte im Himmelreich. Und wer so einer Frau hilft und sie verteidigt, den nenne ich groß, sonst niemand!" Und der Pfarrer zeigte auf ein kleines Türkenmädchen, dessen Backen noch naß von Tränen waren, weil man es verhauen hatte: „Und schaut euch die Kleine hier an, ihr Helden: Wer den Mut hat, so ein kleines Mädchen zu verhauen, das ist für mich eine ganz feige erbärmliche Sau! Der soll nicht glauben, daß er in den Himmel kommt. Der gehört nicht mal hier auf die Erde!"

Die meisten Kinder schauten den Pfarrer mit erstaunten Augen an. Zwei der Großen grinsten. Aber es schien, als habe die Rede des Hirten insgesamt doch ein bißchen Eindruck gemacht. Ein Junge gab der alten Frau sogar die Hand mit einem gemurmelten „Entschuldigen Sie!" –

Da ging der Pfarrer weiter. So ganz wie im Evangelium war das ja nun nicht, Jesus, sagte er in Gedanken, aber, wie gesagt, die Zeiten haben sich geändert. Und es schien ihm, als hörte er den Herrn, den er bei sich trug, sagen: Das war schon in Ordnung, du Hirte, abgesehen vielleicht von dem Ausdruck „eine erbärmliche feige Sau", du weißt schon – aber sonst ging das völlig in Ordnung!

Die Sache mit Jesus

„Ihr aber, für wen haltet ihr mich?"

Markus 8, 28–29

Religionslehrer sein, das ist heute ein schwieriges Amt. Sicher gibt es manchen Meister dieses Fachs. Aber die meisten tun sich schwer. Hören wir einmal den Bemühungen zu, Fünfzehn- und Sechzehnjährigen die Bedeutung Jesu nahezubringen. Ein Versuch, der das ganze Ausmaß nicht nur des glaubensmäßigen, sondern auch des sprachlichen Verfalls andeutet. Aber immerhin ...

„Für wen haltet ihr mich denn?" fragt Jesus. Nehmen wir die Frage mal auf: Was halten wir von Jesus?

(Verlegenheit, Schweigen)

Ich will mal anders fragen: Was fällt uns ein, wenn wir den Namen Jesus hören?

Also, der Jesus, das war wohl so 'ne Art Religionsgründer!

Immerhin, das ist schon ein Anfang. Jesus hat das Christentum begründet. Und das ist doch eine ungeheure Bewegung geworden, nicht wahr? Petra, du willst was sagen?

Meistens heißt es, daß Jesus sehr fromm war.

Und was bedeutet das deiner Meinung nach?

Daß man an so 'nen Gott glaubt und betet und so ...

Und wie erklärt es sich, daß Jesus so viele Menschen beeindruckte, und das bis heute? Kam das nur davon, daß er an Gott glaubte und von ihm erzählte?

Irgendwie schon, aber da war noch was anderes.

Nämlich, Markus?

Na, ich denke, weil er, ich meine der Jesus gesagt hat, daß alles anders werden muß.

Wieso? Erklär das mal!

Anders halt. Ich schätze, dem stank einfach alles, wie es war, die gesellschaftlichen Zustände damals, der ganze Scheiß, daß da welche unterdrückt waren und so . . .

Aha, das empörte ihn?

Ja, die Unterdrückten, das war überhaupt speziell seine Zielgruppe. Zu denen sagte er: Leute, da muß sich 'ne Menge abspielen bei uns, bis es okay ist. Bis alle glücklich sind.

Du meinst, er hat ihnen Hoffnung gegeben . . .

Ja, er hatte 'nen Bock auf 'ne bessere Welt, auf Gerechtigkeit und so. Deshalb solidarisierte er sich mit den gesellschaftlichen Randgruppen, ganz hautnah. Da kam zum Beispiel so'n Ausgeflippter mit all sei'm trouble. Da sagte der Jesus zu ihm: Mann, für mich bist du okay! Und er hat ihnen geholfen, den Typen, ihre Probleme und Bedürfnisse zu artikulieren. Deshalb war seine Durchsage auch echt relevant für die Leute. Da sind sie unheimlich drauf abgefahren . . .

Warum, Jens?

Weil, der konnte irgendwie rauskristallisieren, was sie alle spürten. Der hat nicht so rumgelabert, der sagte einfach, was los war, knallhart. Der sagte: Also das und das ist Mist. Und er sagte auch, warum etwas Mist war. Er hinterfragte einfach mal die Tabus, also da gab's damals doch jede Menge davon.

Also du meinst, seine Botschaft war neu, vielleicht provozierend neu?

Genau, was der so gesprächsweise von sich gab, so laufende Meter, also das brachte immer 'ne Menge

Denkanstöße. Damit konnte er die Typen, die ihm folgten —

Seine Jünger —

— ja, die konnte er unheimlich anmachen. Die standen auf ihn. Für sie war er der Größte. Einsame Spitze!

Und noch mal: Wieso, wieso waren die so begeistert von ihm?

Na, er hat sie effektiv angetörnt. Die spürten, der bringt was. Der hat echt was zu verkaufen. Der ist irgendwie kreativ, optimal, würde ich sagen. Da war ein neuer Trend drin.

Petra, du wolltest auch was dazu sagen:

Ja, ich finde, er war auch unheimlich kommunikativ. So die ganze Art, wie er lebte und redete und so. Was da so lief mit ihm, das war irgendwie highlife für sie, das hat sie echt motiviert.

Roland?

Das war, sagen wir mal, wie'n neuer Sound. Der stieß da zweifelsohne in 'ne echte Marktlücke rein.

Ihr meint, er redete nicht nur, sondern verkörperte auch etwas aufregend Neues?

Ja, er wurde echt ein Hit!

Aber er hatte doch auch viele Feinde?

Klar, die Etablierten, die Kapitalisten, die Frommen, die Bullen und so, mit denen hatte er immer Zoff. Die waren stinksauer auf ihn. Wenn er mit denen diskutierte, gab's immer Putz. Aber er ließ sich nicht manipulieren, der steckte sie alle in den Sack, zack!

Nichtsdestotrotz haben sie ihn dann am Ende fertiggemacht. Woll'n mal sagen die Gesellschaft damals. War ja logisch, die konnten nicht akzeptieren, daß da so einer ankam und ihre ganze beschissene Ordnung verunsicherte und mal was Neues wollte. Für die war er'n Terrorist.

Er wurde gekreuzigt, er starb. Aber die Christen sagen, daß er auferstanden ist. Was heißt das wohl?

Vielleicht, daß er irgendwie, auch nachher noch, nach seinem Tod, Einfluß ausübt? Aber ich meine, wenn man so seine Lehre nimmt, die beinhaltet ja 'ne Menge Sachen, die nicht mehr so relevant sind für uns heute.

Zum Beispiel, Boris?

Na, die ganze Sache mit dem Gott und so, beten und der ganze Pipapo ... Ich finde, also ich kann da überhaupt nichts mit anfangen, da läuft absolut nichts mehr.

Aber?

Na ja, sagen wir mal, was er getan hat, war schon Klasse. Das hat irgendwie Modellcharakter, auch für uns noch. Das kann uns sensibilisieren für die Zustände in unserer Gesellschaft. Weil, so viel hat sich da gar nicht geändert zwischenzeitlich.

Du meinst, wenigstens in dieser Hinsicht kann er uns ein Vorbild sein?

Vorbild is'n blödes Wort, aber er war schon irgendwie Klasse.

Was willst du noch sagen, Torsten?

Ja, insofern stellt er echt so was wie'n Dauerbrenner dar, der Jesus, hab' ich recht?

(Es schellt)

Gesucht: Bilderbuch-Opa

„Selig die Barmherzigen ...“

Mattäus 5, 7

Wenn die Kaufhäuser weihnachtlich dekoriert sind und in den Häusern die Adventkränze angezündet werden, kommt sie über uns: die Nächstenliebe. Je kälter es draußen ist, desto mehr erwärmen sich die Herzen bei dem Gedanken, daß man doch Gutes erweisen müsse in der kalten Zeit. So erfreuen sich Kinderheime und Altenzentren ungewohnter Aufmerksamkeit, und manch ein das Jahr über nahezu vergessener Mensch empfängt auf einmal überraschende Beweise des Mitgefühls und der Wohltätigkeit. Selbst Zeitungen weisen auf Einsame und Kranke hin und rufen zu Spenden auf.

Mancher aber möchte in dieser Zeit einem armen und einsamen Menschen auf persönliche Weise helfen. Und so finden sich wie überall auch im Pfarrbüro von St. Marien Menschen ein, die nach Adressen von alten einsamen Leuten fragen, denen man eine Freude bereiten könnte. Das ist freilich nicht jedem recht. Mancher fühlt sich in der Rolle des Betreuten nicht ganz wohl, viele haben auch selber Angehörige, deren Besuch sie erwarten oder zu denen sie ein paar Tage fahren.

„Aber man hört und liest doch immer, daß es so viele Arme und Bedürftige gibt, um die sich keiner kümmert!" meint eine Dame, die im Pfarrbüro vorspricht, ein wenig unwillig. „Ich verstehe nicht, warum es so schwierig sein soll, mir eine Adresse zu nennen!" Die Gemeindehelferin holt eine Liste hervor, und ihr Finger gleitet die Reihe der Namen entlang. Doch schließlich findet sie einen Namen, der ihr passend erscheint, und schreibt ihn auf. Na also!

Kurz darauf klingelt es erneut an der Tür. Zwei Frauen tragen ihr Anliegen vor: Sie möchten, vor allem auch aus erzieherischen Gründen, für ihre Kinder einen einsamen alten Opa in ihrer Nähe genannt haben, den sie mit ihrem Besuch erfreuen und dem sie ein Päckchen bringen können. „Natürlich soll er gewissen Vorstellungen entsprechen: Zum Beispiel soll er arm, aber nicht gerade elend sein, auch wohlerzogen natürlich und dankbar, schon wegen der Kinder, Sie verstehen sicher ..." Natürlich versteht sie. Ein Opa zum Vorzeigen. Aber was tun, woher nehmen? Zum Glück schellt das Telefon, das Gespräch zieht sich hin, neue Besucher kommen herein. Die beiden Frauen haben wenig Zeit, schließlich sind sie zufrieden mit dem Versprechen, man werde ihnen eine geeignete Adresse telefonisch mitteilen.

Einfach wird es nicht sein. Auch der Pfarrer, dem die Gemeindehelferin die Sache unterbreitet, runzelt die Stirne und seufzt: „Ja, was machen wir? In der Nähe der Bremerstraße ein Opa wie aus dem Bilderbuch ... Vielleicht Herr Stumpf? Aber der ist schwerhörig und versteht kein Wort." – „Oder der alte Herr Mautner, an den hatte ich schon gedacht?" – „Das ginge schon, aber der ist alles andere als bedürftig." – Was tun? „Der Herr Bertram – doch der ist verheiratet, und der gewünschte Opa soll ja alleinstehend sein." – „Was halten Sie von Herrn Weidinger?" fragt die Gemeindehelferin. – „Um Himmels willen, der kommt nicht in Frage, das ist ein Trinker, außerdem riecht er nicht gut, wenn ich das ehrlich sagen darf." – „Und der Herr Scholz, der immer noch Caritas sammelt mit seinen achtundsiebzig Jahren?" – „Ja, der gute Herr Scholz, bestimmt ein netter Mann, aber soweit ich weiß, ist er recht gut gestellt. Außerdem hat er zwei Töchter, die regelmäßig nach ihm schauen." – „Wie wär's denn mit dem alten Lauermann in der Barmerstraße?" – „Ach, du liebe Zeit, unmöglich, der ist völlig verbittert und schimpft über alles. Kinder kann er nicht leiden, nein, das gäbe eine Katastrophe!" – „Ja, dann fällt mir nichts mehr ein", seufzt die Helferin, „was soll ich nun bloß den Damen sagen? Ich habe ihnen doch versprochen, gleich anzurufen und eine Adresse anzugeben?" Nein, sie weiß sich keinen Rat. Und auch der Pfarrer ist am Ende.

„Natürlich kennen wir lange nicht alle Leute. Wenn uns wenigstens die Leute im gleichen Haus, die es am ehesten wissen müßten, doch gelegentlich einmal auf jemanden aufmerksam machen wollten. Aber Sie wissen ja: Als wir vor zwei Wochen die Gemeinde dringend um Hinweise auf Einsame und Hilfsbedürftige baten, kam ja nichts. Die wirkliche Not ist meistens verborgen . . ." Der Pfarrer blättert in der Kartei. „Ob wir vielleicht doch den Herrn Scholz mal anrufen und ihm die Sache erklären? Er ist ein netter Mann und ausgesprochen hilfsbereit. Ich könnte mir denken, daß er uns hilft in diesem Fall. Was sollen wir sonst machen?"

Erfreulicherweise erklärte sich der Herr Scholz nach einigem Zögern tatsächlich bereit. Mehr noch: Er zeigte sich, den Erwartungen entsprechend, mit seinen weißen Haaren als ein überaus freundlicher liebenswerter Opa, der gerührt dafür dankte, daß es noch Menschen gab heutzutage, die Gutes taten. Nur als er am Ende beiläufig bemerkte, er werde halt älter und die Beine wollten nicht mehr so recht, ob nicht, er frage ja nur, vielleicht die beiden Damen an seiner Statt in ihrer Straße Caritas sammeln würden, nur zweimal im Jahr, für die Armen und Bedürftigen und für wohltätige Werke, da hätte es fast einen kleinen Mißklang gegeben. Aber da die beiden das offenbar nicht recht gehört hatten und außerdem nun die Kinder nach Hause gebracht werden mußten, so endete der Besuch mit einem freundlichen Winken. Eines der Kinder fragte zwar unterwegs: „Wann besuchen wir den Opa denn wieder?", aber dabei blieb es dann, wie es halt so geht.

„... er kannte sie alle und hatte es nicht nötig, daß ihn jemand über die Menschen belehrte.“

Johannes 2, 24–25

Ehe ich anfange, muß ich etwas betonen, um nicht in falschen Verdacht zu geraten oder meine Leser auf eine falsche Fährte zu locken: Die Gemeinde, von der im folgenden die Rede ist, ist nicht die, in der ich lebe. Auch nicht die, zu der Sie, verehrte Leser, gehören. Ebenso sind etwaige Ähnlichkeiten mit lebenden Personen rein zufällig. Vielleicht sollte ich sicherheitshalber sogar noch vorausschicken, daß Sie die folgende kleine Geschichte überhaupt nur weiterlesen sollten, wenn Sie genug Humor und ein gewisses Verständnis für menschliche Schwächen Ihr eigen nennen.

Nachdem das klar ist, können wir beginnen. Aber wo? Beim Pfarrer als Gemeindeleiter oder beim Kirchenvorstand oder Stiftungs- oder Verwaltungsrat, jenem Gremium verantwortlicher Gemeindeprominenz also, dem die Vermögensverwaltung und somit die wichtigsten Personal- und Sachentscheidungen der Gemeinde obliegen?

Beginnen wir beim Pfarrer. Er ist, zumindest in unserer Geschichte, ein Mann, der weiß, was er will. Und der auch weiß, wie man es anpacken muß, um diesen Willen auch durchzusetzen. Ich kenne die Meinen, denkt er. Und weil ich sie kenne, weiß ich, daß sie immer gerne das Gegenteil von dem beschließen, was ich sage. Nicht aus bösem Willen, nein, sie wollen nur zeigen, daß sie ihren eigenen Willen durchsetzen. So ist das halt im Dorf. Wenn ich ihnen zum Beispiel jetzt offen erkläre, daß wir eine neue Marienfigur brauchen und unser Dorfbildhauer sie schnitzen soll – begabt ist er bestimmt dazu –, dann regt sich in den lieben Leuten der Widerspruchsgeist. Gewiß werden sie dann beschließen, daß es die alte Gipsfigur noch lange tut und wir keine neue brauchen. Und wenn, dann sollte schon ein Bildhauer aus der Stadt beauftragt werden. Ja, so würden sie reagieren, es war vorauszusehen. Deshalb mußte er es anders anfangen. Und er lächelte, als ihm die Lösung einfiel.

So kam der Tag der entscheidenden Sitzung heran. Wie es ausgegangen ist, fragen Sie? Nun, hören wir zu, was einer der Herren des Rates, der Sägewerksbesitzer M., anschließend daheim seiner Frau erzählte:

„Stell dir vor", sagte er, während er die Suppe löffelte, „da hat der Pfarrer heute in der Sitzung gemeint, im Dorf habe er sagen hören, wir sollten eine neue Madonna anschaffen. Das klinge fast so, als sei unsere schöne alte Marienfigur nicht mehr gut genug. Was ihn anlange, hat er gesagt, so sei er dafür, die alte Figur in Ehren zu halten. Schließlich habe sie schon unseren Eltern und Großeltern gefallen, und außerdem sei eine neue Figur für unsere Verhältnisse ganz einfach zu teuer. Stell dir das vor! Als wenn wir nur arme Bauern wären und kein Geld hätten! Nein, hab ich gesagt, wir wollen eine schöne neue Madonna, nicht so eine altmodische Gipsfigur. Und der Lämmerwirt hat gesagt: Dafür kommt auch Geld zusammen, das wäre ja gelacht! Na ja, daraufhin hat der Pfarrer sich geschlagen gegeben und nur gesagt: Er sei zwar nicht dafür, aber wenn es unbedingt sein müsse, dann solle sie aus Stein sein. Er kenne da einen berühmten modernen Künstler in der Stadt, von dem habe er erst kürzlich in der Zeitung gelesen. – ‚Was, so ein Picasso?', hat der Post-Martin gerufen, ‚so eine Maria mit Glotzaugen am Ende, nie und nimmer! Überhaupt, wieso einer aus der Stadt, als wenn es bei uns hier keine Künstler gäbe!

Und der Lehrer hat gesagt: Wir haben in unserem Dorf ja auch einen Bildhauer, und zwar einen sehr tüchtigen und fähigen Mann! – Jawohl, haben wir gesagt, der ist allemal so gut wie die modernen Nichtskönner in der Stadt, die sowieso an nichts mehr glauben! Und außerdem: Was eine richtige Madonna ist, die muß aus Holz sein, aus richtigem Holz, und nicht aus kaltem Stein! Der Pfarrer hat noch ein bißchen hin und her geredet, aber was sollte er machen? Er mußte wohl oder übel nachgeben. Wir waren uns ja einig. Das wäre ja noch schöner, wenn der Pfarrer einfach so über unsere Köpfe hinweg bestimmen könnte! Da würde uns ja das ganze Dorf auslachen, wenn wir zu allem, was er vorhat, einfach Ja und Amen sagen würden!"

Ja, so hat der Sägewerksbesitzer daheim gesprochen. Und seine Frau, die in anderen Sachen nichts auf den Herrn Pfarrer kommen ließ, blickte ganz stolz auf ihren Mann: „Ja", sagte sie, „gut, daß wir euch haben und daß ihr eure Meinung sagt!"

Übrigens saß zur gleichen Zeit auch der Pfarrer beim Mittagessen. Und wenn der Sägewerksbesitzer ihn jetzt hätte sehen können, hätte er festgestellt, daß der Pfarrer zufrieden, sogar sehr zufrieden lächelte.

Die verlorene Drachme

„... so ruft sie ihre Freundinnen und Nachbarinnen zusammen ..."

Lukas 15, 8–10

Auch unter solchen, die ihre Kirchensteuer bezahlen, keinen umbringen und hin und wieder zur Kirche gehen, also von den alles in allem überzeugten Christen, kann man mitunter hören, die Bibel habe nicht viel mit dem heutigen Leben zu tun. „Ich bin da ganz anderer Ansicht", meint Frau K., „bei uns in der Gemeinde kann man alle Augenblicke lang ausgesprochen biblische Szenen erleben." – Wie das? Hier stutzt ja wohl selbst ein Pfarrer, der das liest. Also da sind wir gespannt. Können Sie nicht etwas deutlicher werden? – „Gern", sagt Frau K., „vielleicht erzähle ich Ihnen die Geschichte mit den Ringen und der Jacke. Es ist wohl nicht die ungewöhnlichste Sache, aber sie hat den Vorteil, daß sie erst gestern passiert ist, und wir jedenfalls fanden sie außerordentlich spannend. Nun, das war so:

Wir waren im Gemeindehaus zusammen zum Senioren-Nachmittag. Mit Filmen über unseren Ausflug und ‚mit FKK', so hatte der Pfarrer bei der Begrüßung humorvoll angekündigt, mit ‚Frischem Kwetsche-Kuche', wie das bei uns auf hessisch heißt. Gut, nach besagtem Obstkuchen und Kaffee und nettem Programm verabschiedeten sich die älteren Herrschaften. Eine kleine Gruppe stand noch beisammen, als eine der Helferinnen mit allen Anzeichen des Schreckens aus dem Toilettenraum hervorstürzte: ‚Um Himmels willen!' rief sie aus, ‚meine Ringe sind weg, die schönen Ringe, von meinem Mann noch!' – Im Nu war alles am Suchen und Fragen: ‚Wo und wann und wie ist das passiert?'

Es war in der Tat schrecklich: Die gute Frau hatte

beim Händewaschen die Ringe abgelegt. Sie hatte es eilig, so war sie schnell gegangen. Unterwegs hatte sie die Ringe vermißt, und sogleich war sie umgekehrt. Aber nun war der Schmuck verschwunden. ‚Unerhört', sagte sie, ‚so eine Gemeinheit! Und das unter Christen!' ‚Haben Sie auch wirklich überall gesucht?' Sie hatte. ‚Haben Sie die Ringe nicht vielleicht doch eingesteckt?' Nein, sie hatte nicht, das wußte sie genau: ‚Hier habe ich sie hingelegt, nirgends sonst!' – ‚Ich kann mir das einfach nicht vorstellen', sagt einer, ‚hier ist doch noch nie etwas weggekommen. Es wäre das erste Mal!' ‚Für mich sind die Ringe nicht zu ersetzen', die Frau begann zu weinen, ‚mein verstorbener Mann hat sie mir geschenkt – so eine Gemeinheit!'

Auch der Pfarrer kam dazu, war gleichfalls entsetzt, konnte sich's gleichfalls nicht erklären. Er half mit beim Suchen, fragte noch einmal dasselbe, was die andern schon gefragt hatten. Es schien aussichtslos. Man ging noch einmal die ganze Sache durch. Aber alles Suchen, alles Fragen, alles Nachdenken half nichts. Einige verabschiedeten sich, verlegen, ratlos. Zwei erboten sich, die erregte Dame nach Hause zu begleiten. ‚Heiliger Antonius' dachte der Pfarrer, ‚ich wende mich nur selten an dich, du weißt – aber jetzt mußt du helfen, die Frau tut mir leid!' –

Eine halbe Stunde später klingelte es an der Tür des Pfarrhauses. Der Pfarrer öffnete. Vor ihm stand eine ihm wohlbekannte Dame. Sie schien noch immer durcheinander wegen ihrer Ringe, aber was der Pfarrer zu hören bekam, waren neue Töne: ‚Ich schäme mich so, ich schäme mich so', drang es an sein Ohr. Der Pfarrer verstand nicht so ganz die Lage, wollte auch nichts falsch machen, so schwieg er einstweilen, und das erwies sich als richtig: ‚Die Ringe sind wieder da', hörte er sagen und wollte es zuerst nicht glauben. Dann aber sagte er: ‚Gott sei Lob und Dank!' Und er fiel der Frau um den Hals, was er normalerweise nicht einmal bei alten Damen tut, und dann hörte er zwischen Lachen und Weinen wieder: ‚Ich schäme mich ja so!' Schließlich erfuhr er, die kostbaren Ringe hätten sich im Saum der Jackentasche wiedergefunden, durch ein kleines Loch waren sie offenbar aus der Tasche nach unten geglitten.

‚Das müssen wir aber feiern', lachte der Pfarrer. ‚Wissen es eigentlich die anderen schon?' Nein, sie wußten es nicht. ‚Dann müssen wir aber gleich hinüber ins Gemeindehaus gehen, wenigstens zu denen, die da jetzt aufräumen. Und wissen Sie auch, was wir jetzt sagen müssen?' – ‚Ich schäme mich ja so.' – ‚Nein, jetzt müssen Sie sagen: ‚Freut euch mit mir, denn ich habe wiedergefunden, was ich verloren habe! Ja, so steht es geschrieben!' – ‚Meinen Sie wirklich?' Ganz sicher war die Frau ihrer Sache nicht. Ja, so müsse sie sagen. Und so geschah es denn auch, genau so, wie es in der Bibel geschrieben steht: Die Frau trat ins Gemeindehaus, wo ein paar noch beieinander standen und räumten und dabei über den unerklärlichen Verlust sprachen. ‚Freut euch mit mir', begann der Pfarrer und lachte übers ganze Gesicht, und die Frau fand nun auch ein Lächeln und fuhr fort: ‚Denn ich habe meine Ringe wiedergefunden, die ich verloren hatte!' Die Freude, die das auslöste, war allgemein und ungeheuchelt. Sie war sogar biblisch."

„Wenn ihr alles getan habt, sollt ihr denken: wir sind unwürdige Knechte ...“

Lukas 17, 7–10

Längst schon hat Pfarrer Knecht – von ihm soll im folgenden die Rede sein – in sein tägliches Abendgebet die inständige Bitte aufgenommen: „Herr, verschone uns vor neuen Referenten bei der Bischöflichen Behörde!“ – Das läßt darauf schließen, daß er auf diesem Gebiet bereits einige Erfahrungen gemacht hat, und offenbar nicht unbedingt erfreuliche.

Allein, sein Gebet ist nicht immer erhört worden. Wohl möglich, daß er in ruhigeren Zeiten etwas zu leichtfertig geworden war und nicht mehr inständig genug gefleht hatte. Jedenfalls traf ihn die Kunde sehr unvermittelt, wieder sei in der Bischöflichen Behörde eine neue Kraft eingestellt worden, eine leitende sogar.

Nun gab es natürlich verschiedene Arten von leitenden Kräften: Dezernenten, Referenten, Sachbearbeiter, um nur einige zu nennen. Und diese sind, wie man weiß, durchaus voneinander je nach ihrer Wichtigkeit zu unterscheiden. Doch unser Pfarrer, verständlich aus seinem begrenzten Blickwinkel, hatte wenig Sinn für die Feinheiten. Für ihn lief alles auf dasselbe hinaus. Wenn überhaupt, dann unterschied er die neuen Mitarbeiter der Obrigkeit für gewöhnlich nach anderen Maßstäben:

Da gab es zum ersten solche, die ihrerseits bereits Ideen hatten und nun alsbald Anregungen und Arbeitshilfen an alle im Land versandten. Das kostete zwar eine Unmenge Papier und Porto, auch Zeit natürlich, um es zumindest oberflächlich zu studieren und irgendwo abzuheften, aber der Aufwand hielt sich in

Grenzen. Schlimmer war die zweite Art von neuen Verstärkungen der Behörde: solche, die zwar keine eigenen Ideen hatten, dafür aber solche in neuzubildenden und alsbald einzuberufenden und dann häufig tagenden Teams hervorzubringen gedachten, wobei er selber, so wußte der Pfarrer, als Mann der Praxis für gewöhnlich nicht fehlen durfte und darum fast immer berufen wurde. Was zwar ehrenvoll, aber in Anbetracht seiner sonstigen Arbeit im Pfarralltag nicht zu schaffen war.

Am schlimmsten aber schien ihm die dritte Art von neuen leitenden Kräften: Das waren die, die neue Fragebogen verschickten, um sich selber erst ein Bild zu machen. Und weil das im allgemeinen ordentliche und fleißige Menschen waren, die der Bischof berief, so geriet denn so ein Fragebogen selten unter einen Umfang von zehn engbeschriebenen Blättern, auf denen kaum einmal weniger als zweihundert Fragen eingehend zu beantworten waren. Beileibe nicht nur durch den Pfarrer. Nein, der hatte dafür sogleich neue Gremien zu gründen. Deren Arbeitsergebnisse waren dann durch die schon bestehenden Ausschüsse zu überprüfen, was man Rückkoppelung nennt und einfach unerläßlich ist. Seltsamerweise wurden mit solchen Unternehmungen immer die Pfarrer befaßt. Vielleicht, dachte er, weil man den Laien doch nicht so recht traute. Oder auch mit Rücksicht darauf, daß diese durchweg ein Familienleben hatten, was bei einem Pfarrer ja nicht der Fall sein mochte.

Zu seiner Ehre sei gesagt, daß unser Pfarrer sich immer Mühe gegeben hat, den Wünschen, auch den absonderlichsten, seiner Vorgesetzten nachzukommen. Auch wenn dadurch manches in der Pfarrseelsorge, der ordinären Cura, wie das heißt, vernachlässigt wurde. Lieber ließ er einmal den Religionsunterricht ausfallen oder die Krankenbesuche, oder er holte eine alte Predigt hervor, statt sich mühsam eine neue auszudenken. Was wog das gegen das erhebende Gefühl, seine Pflicht gegenüber der Behörde erfüllt zu haben!

Doch trotz dieser vorbildlichen Einstellung unterlief unserem Pfarrer eines Tages ein schreckliches Versäumnis: Er mußte bemerken, daß er vor einem halben Jahr einen ihm zugesandten Fragebogen über Aktivitäten auf dem Bildungssektor nicht nur nicht ausgefüllt und abgeschickt, sondern offenbar ganz einfach vergessen hatte. Unbeschrieben fand er ihn unter einem Stoß von Papieren. Was aber sollte er nun tun? Sicher war es verwerflich, aber selbst die Diener des Höchsten werden mitunter schwach. Jedenfalls stellte er sich zum ersten Mal in seinem Leben tot. Er ließ auf sich zukommen, was kommen mußte: eine Mahnung, eine Rüge, gleichwohl. Doch — es kam nichts von all dem, was er befürchtet hatte. Um es genau zu sagen: es kam überhaupt nichts. Wochen vergingen, Monate. Entweder war der zuständige Referent bereits wieder durch einen anderen ersetzt, der sich erst einarbeitete. Oder der leitende Mann hatte die Sache selber vergessen. Wie es auch war: Dieses Vorkommnis ließ den Pfarrer erstmals an der Weisheit und Vollkommenheit der vorgesetzten Behörde zweifeln. Insofern markiert das, was geschehen war, gewissermaßen einen Wendepunkt im Leben des Pfarrers Knecht. Denn seither pflegt unser immer noch eifriger Seelenhirte anders zu verfahren als in den vielen Jahren davor. Sagen wir: überlegener. Selbst im Himmel nahm man erstaunt zur Kenntnis, daß sein Abendgebet nun in einem Punkt kürzer ausfiel als früher.

Der Erfolg

„Das Himmelreich ist einem Senfkorn gleich . . .“

Markus 4, 30–32

Irgend etwas stimmt nicht, dachte der Pfarrer an einem gewöhnlichen Dienstagmorgen, als die Gemeindeassistentin das Pfarrbüro betrat. Sie lächelte wie gewöhnlich. An ihrer Erwiderung „Guten Morgen, Herr Pfarrer!" war nichts auszusetzen. An ihre Angewohnheit, bei Dienstbeginn zuerst einmal alle erreichbaren Schränke ringsum zu öffnen und alle Schubladen herauszuziehen, hatte er sich längst gewöhnt. Alles war wie sonst, und doch: irgend etwas stimmte nicht. Er hatte das im Gefühl. Was konnte es sein? Er erforschte rasch sein Gewissen. Gestern konnte nichts gewesen sein. Da war sie auf der pastoralen Mitarbeitertagung. Vorgestern? War Sonntag. Es fiel ihm nichts ein. Hatte er sich am Samstag nicht herzlich genug verabschiedet? Nein, es mußte die Tagung sein.

Sie war es. Als er vorsichtig fragte, ob die Tagung gestern interessant und ersprießlich gewesen sei, kam es sogleich heraus: „Und ob das interessant war! Da ist mir einmal aufgegangen, wie eine moderne Erwachsenenbildung aussieht! Was die andern da alles aufziehen! Da müßten Sie mal meine Kolleginnen hören! Eine erzählte, in ihrer Gemeinde hätte sich im letzten Monat die Besucherzahl verdoppelt! Im Vergleich dazu sind wir ja geradezu hinter dem Mond daheim!" — Der Pfarrer hörte derartige Reden nicht sehr gern. Es klang immer wie ein Vorwurf für ihn, und wahrscheinlich war es auch einer. Es war nicht immer leicht, ein Pfarrer Anfang der Sechzig zu sein und voll mitzuhalten. Er wollte hinweisen auf die monatlichen Vorträge, die er vor dem Kreis der Getreuen hielt, manchmal sogar mit

Lichtbildern, und daß hin und wieder ein auswärtiger Referent anreiste, um über aktuelle Fragen zu sprechen. Aber es stimmte natürlich, was er darauf zu hören bekam: „Wer wird denn damit schon angesprochen? Immer die gleichen!" –

Ja, es mußte etwas geschehen. Der Pfarrer gelobte Besserung. Sein schüchterner Versuch, sozusagen ihr den Schwarzen Peter zuzuspielen und sie angesichts soviel guter Ideen um ihre Mitarbeit zu bitten, mißlang schon im Ansatz. Natürlich, sie hatte schon übergenug zu tun, das sah er ein. Also forderte er – wiewohl auch nicht unbeschäftigt, wie er meinte – beim Bildungswerk eine Liste mit Vorschlägen für Redner und Themen an. Der Pfarrgemeinderat war mit zwei Enthaltungen geschlossen dafür und kreuzte munter eine Vielzahl von Vorschlägen an. Einen Monat später lief die Sache an. Zuerst langsam: Statt des üblichen Monatsvortrags ereignete sich nun allwöchentlich ein Abend. Der Kreis der Getreuen riß sich sozusagen am Riemen und erschien nun öfter, jede Woche einmal. Man müsse das Angebot erweitern, vernahm der Pfarrer, nur so werde man neue Leute ansprechen. Gesagt, getan. Die Schar der Getreuen folgte aufopfernd den herzlichen Empfehlungen des Pfarrers. Vor allem die Ältesten lauschten nun den Ausführungen bedeutender Referenten über Schulprobleme, Sexualerziehung oder Entwicklungsfragen in Bolivien.

Mit der Zeit aber zeigten sich doch gewisse Ermüdungserscheinungen: Manche Ehepaare teilten sich auf, der Mann füllte die Reihe der Zuhörer im Politischen Seminar, die Frau opferte sich für „Papstgestalten des Mittelalters". Eines Tages geschah es, daß beim ersten Zusammentreffen des „Jungmütter-Kurses" ein ganz neues unbekanntes Gesicht auftauchte. Die von den anwesenden älteren Frauen erwartungsvoll und freundlich begrüßte junge Dame erwies sich freilich nachher als Referentin, die den Kurs zu leiten gesandt war. Aber immerhin, es gab Auftrieb. Bedauerlicherweise fand sich bei dem Seminar über „Konflikte in der Ehe" nur eine Teilnehmerin ein. Sie versprach aber, schon weil ihr der von weither geeilte Referent leid tat, beim nächsten Mal noch ihren Mann mitzubringen.

Und richtig – acht Tage danach waren sie zu dritt: der Referent und ein Ehepaar. Man sieht, es gibt auch erfreuliche Dinge zu berichten. Der Pfarrer jedenfalls nahm's als Erfolgserlebnis. „Sehen Sie", sagte er zu der Gemeindeassistentin, „da haben Sie bei der nächsten Tagung auch etwas zu berichten: Nicht nur in einem Monat, nein, innerhalb einer einzigen Woche hat sich in diesem Fall bei uns die Besucherzahl verdoppelt! Die Mühe lohnt sich also!" Und er war so begeistert von diesem Gedanken, daß er sogleich und persönlich die Diözesanleitung anrief und dieser stolz die wunderbare Teilnehmer-Vermehrung meldete, die sich ereignet hatte.

Seither steht seine Gemeinde in dem Ruf überaus erfolgreicher Bildungsarbeit und wird anderen als Vorbild hingestellt. Und Pfarrer und Gemeindeassistentin sonnen sich ein wenig in dem neugewonnenen Ruhm. Wer wollte es ihnen verdenken!

Neuer Pfarrer gesucht

„Wer ist der treue und kluge Verwalter . . .?“

Lukas 12, 41–44

Sehr geehrter Herr Bischof!

Als Pfarrgemeinderat wenden wir uns hiermit im Namen der Gemeinde zu den heiligen Engeln vertrauensvoll an Sie. Wir möchten Sie bitten, uns bald einen neuen Pfarrer zu besorgen. Der, den wir jetzt haben, hat zwar ohne Zweifel guten Willen, aber er ist schon alt und genügt unseren Ansprüchen nicht und gefällt uns einfach nicht mehr. Und da Sie ja alle Pfarrer kennen, schreiben wir Ihnen kurz ein paar Punkte auf, wie der von uns gewünschte Gemeindeleiter beschaffen sein soll. Einiges führen wir im folgenden auf:

Der Pfarrer, den wir suchen, sollte imstande sein, unserer großen Gemeinde vorzustehen. Er sollte sozusagen allen alles sein, wahrhaft ein Freund aller Gläubigen, mit dem sie persönliche Dinge besprechen können. Und doch zugleich eine wirkliche Respektsperson, zu der jeder aufschauen kann, ein rechtes Vorbild. Den Kindern müßte er seine ganze Liebe und seine ganze Zeit widmen. Er sollte ihre Spiele kennen und dazu immer neue Ideen haben, wie man sie anspricht, und auch pädagogisch so auf der Höhe sein, daß er sie in ihrer Entwicklung verstehen und fördern und auch in geschickter Weise formen kann, ohne je autoritär zu wirken. Auch mit der Jugend müßte er fühlen, Verständnis für ihre Interessen haben, für Sport und Spiel, Partys und Diskussionen, aber auch Einzelgespräche. Dafür dürfte ihm keine Zeit zu schade sein. Er müßte auf sie eingehen, das Vertrauen jedes einzelnen gewinnen, ihre Sprache sprechen und ihren Idealen nahekommen. Er sollte selber jung sein und, wenn möglich, auch gut aussehen. So nur kann es ihm gelingen, alle zu begeistern und auf diese Weise vor den Gefahren ihrer Umwelt, vor Alkohol und Nikotin und Rauschgift wie auch vor Müßiggang und revolutionären Neigungen zu bewahren, womit wir Eltern ja überfordert sind. Auch Fahrten und Zeltlager sollte er mit ihnen veranstalten.

Den Männern und Frauen, vor allem den Eltern und Alleinstehenden sollte er wirklich etwas zu sagen haben und jederzeit einen guten Rat bereithalten. Besonders aber müßte er sich der Kranken und Alten annehmen. Er sollte den rechten Ton für die einfachen Menschen finden, aber zugleich auch auf der geistigen Höhe der Gebildeten stehen. Deshalb ist es erforderlich, daß er nicht auf seinen Studien ausruht, sondern wissenschaftlich ständig weiterarbeitet und auch mit den anderen Wissensgebieten bestens vertraut ist. Es ist selbstverständlich, daß er über alle Entwicklungen, auch über Literatur, Film und Theater, um nur einiges anzudeuten, Bescheid weiß. Natürlich muß er unbedingt einen gewissen Geschmack besitzen, zumindest so viel, daß er ästhetischen Forderungen entspricht und in Kirchbau und -ausstattung wie auch Liturgie geschmackssicher ist. Dazu gehört, daß er ein schönes Hochamt singen und unseren Kirchenchor leiten kann. Es muß wohl nicht betont werden, daß er gut vorbereitet, inhalts- und abwechslungsreich und für alle interessant predigt. Auch die Schulstunden, die Betreuung der Meßdiener, der Kommunion- und Pfarrunterricht, die abendlichen Gruppenstunden der Jugend sowie die Vorträge für die Männer und Frauen sollten gut fundiert sein und unter Berücksichtigung der jeweiligen Altersstufe und Interessenlage der Zuhörer wirklich etwas Aktuelles bieten. Es bedarf kaum einer Erwähnung, daß die Betreuung der Mitarbeiter, der verschiedenen Vereine, Gruppen und Aktionskreise, vom Kindergarten bis zum Kirchenchor nicht vernachlässigt werden darf. Unbedingt soll er ideenreich sein, aber auch kooperativ, so daß er in jedem Team, besonders auch im Pfarrgemeinderat und seinen Ausschüssen, partnerschaftlich mitarbeiten kann, ohne seine kirchliche Autorität, sein theologisches Wissen und seine Meinung allzusehr ins Spiel zu bringen. Gleichwohl muß er den Standpunkt der Kirche zu aktuellen Fragen, beispielsweise der Politik, Wirtschaft, Kultur und Moral, deutlich machen, so daß er wirklich wegweisend sein kann. Dabei ist nötig, daß er sich nicht nur auf Dogmen beruft, sondern sich von den neuesten Erkenntnissen vor allem auch der Soziologie und Psychologie leiten läßt. Er sollte das Althergebrachte treulich bewahren und doch allen Neuerungen aufgeschlossen gegenüberstehen und für Fortschritt sorgen. Reichlich Humor muß er haben und ein guter Unterhalter bei Pfarrfesten sein, wo er niemals fehlen darf. Von besonderer Bedeutung ist ferner, daß er in Finanzfragen versiert ist und es versteht, die Gemeindemitglieder unermüdlich und doch zugleich taktvoll für die nötigen Spenden zu begeistern. In einer Person sollte er Fachmann in Personalfragen, im Bauwesen und überhaupt ein guter Organisator sein, auch eine spezielle Begabung für eine zeitgemäße Werbung wäre sehr wünschenswert. Unerläßlich ist natürlich, daß er ein zutiefst geistlicher und innerlicher Mensch ist und in jeder freien Minute dem stillen und betrachtenden Gebet und dem Bibelstudium obliegt, ein wahrhafter Mann Gottes, der Gottesdienst, Taufen, Trauungen und Beerdigungen nicht routinemäßig, sondern andächtig und zur Erbauung aller vollzieht. Er müßte in Glaubensdingen jederzeit für alle zu sprechen sein, nicht nur im Beichtstuhl, sondern in allen Lebensfragen, auch privat. Gerade für die nichtreligiösen Nöte und Fragen müßte er jederzeit ein offenes Ohr, einen guten Rat und eine hilfreiche Hand haben. Aber er darf sich natürlich nicht mit der Seelsorge an den Kirchentreuen begnügen. Vielmehr muß er die Fernstehenden, die Gleichgültigen und nicht zuletzt die Kirchenfeinde zu gewinnen verstehen. Gerade das sollte ihm ein Herzensanliegen sein.

Er müßte allen Menschen nachgehen, sie in ihren Häusern aufsuchen und so ein Freund jeder Familie sein. Besonders wichtig scheint uns, daß er niemals ungeduldig und nervös wird oder den Eindruck erweckt, keine Zeit zu haben. Er müßte einfach überall, wo er hinkommt, ein Vorbild und Beispiel für alle sein. Ein Mann mit Erfahrung und Weitblick, der Ideen hat, der über den Dingen steht und Ruhe und Sicherheit ausstrahlt. Einer, der etwas planen und Pläne dann auch in die Tat umsetzen kann. Dafür ist unerläßlich, daß ihm die Sache der Ökumene am Herzen liegt und er die besten Beziehungen zu staatlichen und kommunalen Stellen und Wohlfahrtsverbänden, aber auch anderen katholischen Einrichtungen unterhält. Das sind nur einige der Forderungen, die wir im Pfarrgemeinderat zusammengetragen haben. Andere wichtige Punkte haben wir nicht eigens aufgeführt, da wir Ihnen nur kurz das Allerwichtigste nennen wollten. Wir bitten nun, uns einige Pfarrer zu nennen, die diese Bedingungen erfüllen, damit wir unter ihnen den geeignetsten auswählen. Für eine baldige Antwort wären wir Ihnen sehr dankbar, da die Angelegenheit keinen Verzug duldet.

Mit freundlichen Grüßen
Ihr Pfarrgemeinderat zu den hl. Engeln.

DAS REZEPT

„... du machst dir Mühe und Sorge um vielerlei ..."

Lukas 10, 38–42

„Ich bin gespannt", sagte der Küster, „was unser Pfarrer jetzt wieder ins Leben ruft. Immer, wenn er von einer Seelsorge-Tagung zurückkommt, bringt er neue Ideen mit." Die Prophezeiung des erfahrenen Küsters, der schon drei Hirten in der Gemeinde erlebt hatte, trat auch wirklich ein: Der Pfarrer kehrte angeregt von der Tagung heim, und schon am folgenden Tag ließ er alle wissen, daß nun alsbald Neues und Bahnbrechendes verwirklicht werde. Was mochte es sein?

Nun, das Stichwort lautete: „Das Abc heutiger Gemeindearbeit." Ein Referent hatte es auf der Tagung vorgetragen, und die Pfarrer hatten es eifrig mitgeschrieben. Vermutlich, weil es neben all den hochtrabenden Vorträgen das einzig Konkrete war. Ja, das leuchtete ihnen ein. Das hatte endlich Hand und Fuß, damit konnte man etwas anfangen. Und so fing denn unser Pfarrer auch sogleich an, das „Abc heutiger Gemeindearbeit" in die Tat umzusetzen. Das Ganze ließ sich ja allein schon deshalb bewerkstelligen, weil einige der genannten Dinge bereits in der Pfarrei verwirklicht waren, wie der Pfarrer befriedigt feststellte. Nun galt es nur noch, das Fehlende in die Tat umzusetzen.

Eine Woche danach hielten die Mitglieder des Pfarrgemeinderates das „Abc" in den Händen und berieten unter Zurückstellung aller anderen Tagesordnungspunkte, was zu tun sei. Sie fanden den Plan ebenfalls einleuchtend, und so gingen sie die einzelnen Stichwörter durch, wie der Pfarrer es auf der Tagung notiert hatte, von A bis Z:

Altennachmittage, Basar, Caritaskreis, Diskothek,

Elternabende, Ferienfreizeiten, Gottesdienste, Hausgesprächskreise, Ikebanakurs, Jugendpartys, Kinderfest, Lagerfeuer, Meditationsübungen, Nachbarschaftshilfe, Ökumene-Kreis, Pfarrbriefe, Quempas- und andere Singkreise, Rallye, Seniorenclub, Tanzkurs, Unterhaltungsabende, Vorträge, Wochenende, X-Beliebiges, Yoga-Kurs und Zielgruppen-Werbung.

Einiges konnte man streichen, das gab es bereits in der Gemeinde: Altennachmittage zum Beispiel, Gottesdienste oder einen Pfarrbrief. Aber es blieb genug, das noch der Taten harrte. Etwas ratlos war man, wiewohl auch der vortragende Referent, beim Buchstaben X. Aber da würde einem schon noch etwas einfallen. Nun, man ging also daran, die Ausschüsse zu bilden, die die neuen Ideen in die Tat umsetzen sollten. Gerade war man dabei, den Ausschuß „Basar" zu benennen, als

Herr P., der immer ein eigenes Süppchen zu kochen pflegte, eine neue Idee einbrachte: Er habe da eben nach dem vorgegebenen Muster auf seinem Notizblock ein zweites Abc entworfen. Vielleicht dürfe er das einmal kurz vortragen und somit zur Diskussion stellen.

Und er las vor:

Adventsspiel, Buchausstellung, Chorsingen, Diavorträge, Erziehungsseminar, Filmvorführung, Grillpartys, Heimatabend, Internationale Feste, Jugendmessen, Kochkurs, Lampionfest, Maitanz, Nähkurs, Orgelkonzert, Pädagogikvorträge, Quatemberandachten, Rosenkranzbeten, Sportverein, Tischtennis, Umweltschutz, Verkehrserziehung, Weihnachtsmarkt, hm — X-Beliebiges, Ytongbasteln und Zoobesuch. Statt Buchausstellung könne man natürlich auch Bibelkreis einsetzen, statt Film Frühschoppen, statt Zoobesuch einen Zauberkünstler kommen lassen, seine Vorschläge blieben da durchaus offen.

So war denn das Programm erheblich erweitert worden. Und weil man Herrn P., dessen Empfindlichkeit man kannte, nicht zu vergrämen wagte, beschloß man, nun erst einmal über die beiden vorliegenden Listen zu beraten. So hob man den schon fast gegründeten Basar-Ausschuß kurzerhand wieder auf, um statt dessen einen Programm-Ausschuß ins Leben zu rufen. Der sollte dann zur nächsten Sitzung ein verbessertes „Abc heutiger Gemeindearbeit" vorlegen, wobei weitere Anregungen und Vorschläge durchaus willkommen sein sollten. Darüber wolle man dann gemeinsam befinden. Zwei Mitglieder des Gemeinderates erklärten sich schließlich bereit, diesen Ausschuß zu bilden. Und so ging man, was durchaus nicht immer der Fall war, im Frieden, ja sogar zufrieden über die geleistete Arbeit auseinander.

Schwerpunkt Kinderarbeit

„Lasset die Kinder zu mir kommen ...“

Markus 10, 13–16

Es war einmal eine Gemeinde. In ihr war alles so, wie man es von einer richtigen Gemeinde erwartet: Eine Kirche war da mit Turm und Glocken, mit einer Orgel und vielen Bänken, dazu ein Gemeindehaus und ein Kindergarten. Und es spielte sich dort ein reges Leben ab: Gottesdienste und Feste, Gesprächsabende und Kurse. Es gab einen Kirchenchor und Jugendgruppen, Kinderstunden und Familienkreise und einen Seniorenclub. Natürlich auch einen Pfarrgemeinderat. Und der tat nun, was schon sein Name besagt: Er beriet, was nun noch zu unternehmen sei: „Wir müssen an die Zukunft denken", sagte einer, „an die Kirche von morgen, und damit meine ich die Kinder!" – „Richtig", sagte eine junge Mutter, „alles andere ist uninteressant, das stimmt: Kirchenchor, Bücherei, Altenkaffee, ja selbst Jugendclub, das stirbt sowieso bald. Aber die Kinder, darauf kommt es an!"

So kam es, daß man daranging, nun alles auf die Kinder zu setzen. Das fing schon an mit dem Gottesdienst: In der Tat war nur ein- oder zweimal im Monat ein eigener Gottesdienst für die Kleinen. Was sollten sie aber mit der normalen Sonntagsmesse anfangen, in der sie nicht vorkamen und sich tödlich langweilten, und mit einer Predigt, die nicht besonders auf sie, sondern auf alle abgestellt war? Nein, damit verjagte man sie geradezu aus der Kirche. Man durfte sich nicht wundern, wenn die Kinder einem Gottesdienst, der nicht auf sie zugeschnitten war, nichts abgewinnen konnten. So versammelte man denn die Kleineren sonntags kindertümlich im Gemeindesaal. Da sangen sie fröhliche

Lieder (oder auch nicht), spielten lustige Spiele, bekamen Lichtbilder und Filme gezeigt und durften malen und tanzen.

Die Sonntagsgottesdienste baute man mehr und mehr um, so daß sie vor allem auf die Kinder bezogen waren. Konnte man früher dem Pfarrer vorwerfen, er predige gelegentlich über die Köpfe der Jungen und Mädchen hinweg und wende sich nur an Erwachsene mit seinen Erklärungen des Evangeliums, so ging er bald in sich, beziehungsweise unter sich, und wandte sich vorwiegend den Kindern in den vorderen drei Reihen zu. Auch die Gebete und Lieder wurden schonungslos auf die Jüngsten zugeschnitten. Ältere Lieder wurden ganz selten, lateinische Messen überhaupt nicht mehr gesungen. Dafür übernahmen Kinder die Gestaltung des Gottesdienstes: sie lasen vor, sprachen die Gebete, erzählten ihre Erlebnisse, malten, flöteten und führten lustige Spiele vor. Den Erwachsenen waren die hinteren Bankreihen zugewiesen. Von Ausnahmen abgesehen, waren sie von der neuen kindgemäßen Form sehr angetan. Sie fanden es wunderbar, daß es in der heiligen Messe auf einmal soviel zu sehen und zu lachen gab.

Für die Kinder wurde nun auch sonst viel getan. Man organisierte für die verschiedenen Altersgruppen Spielnachmittage, Kinderfeste und -partys, Ausflüge und Ferienfreizeiten. Eine eigene Kinderzeitung entstand, die von freiwilligen Helfern zu allen Kindern getragen wurde. Der Kirchenchor bereitete Kinderprogramme vor. Der Pfarrer stellte alle anderen seelsorglichen Aufgaben zurück, um alle Kinder seiner Pfarrei nacheinander zu Hause zu besuchen. Alle, das muß man wirklich sagen, wetteiferten darin, den Kindern Freude zu machen. Natürlich war das nicht immer einfach, denn es kam schon einmal vor, daß die kleine lustige Gesellschaft den Seniorenclub, der ein Spiel eingeübt hatte, um es dem Kinderkreis vorzuführen, nach wenigen Minuten auspfiff und statt dessen ballspielen wollte. Auch ein Familienkreis erlitt Schiffbruch. Offenbar hatte man es nicht verstanden, die Kleinen richtig anzusprechen. Sie wurden rabiat und warfen die sechs Eltern kurzerhand hinaus.

Es kam, wie es kommen mußte: Eines Tages weigerte sich ausgerechnet der Jugendclub, immer nur Kinderpartys zu organisieren. Sie wollten endlich wieder einmal eine richtige Fete veranstalten und allein feiern, ohne das Kleinzeug, wie sie diffamierend sagten. Dies sprach sich herum, und bald darauf regte sich bereits die finsterste Reaktion: Der Kirchenchor wollte wieder einmal etwas anderes als Kinderreime singen, manche sollen sogar von einer lateinischen Messe gesprochen haben. Die Senioren forderten stürmisch ihren Alten-Kaffee wie früher. Der Familienkreis fuhr ganz einfach auf und davon – ins Grüne, wie es hieß, und ohne Kinder. Man streikte offensichtlich. Der Pfarrer stellte die Verantwortlichen zur Rede und führte das Jesuswort an: „Wenn ihr nicht werdet wie die Kinder, werdet ihr nicht in das Himmelreich kommen!" Aber er hatte diesen Satz schon so oft zitiert, daß er seine volle Wirkung nicht mehr auszuüben vermochte. Was natürlich ein schlimmes Licht auf die Leute warf, die sich als Christen bezeichneten.

Aber ehe der nun unausbleibliche Konflikt auf seinen Höhepunkt zusteuern konnte, geschah etwas, was die Sache grundlegend veränderte, schon weil sich der fast nicht wiederzugebende Vorgang sogleich überall herumsprach: In einer der Kinderspielrunden schrien zwei der lieben Kleinen dem Pfarrer ganz ungeniert die spöttische Frage zu, was er als alter Esel hier eigentlich suche. Er soll sehr betroffen geschaut haben, wich aber schließlich dem begeistert geschrienen Sprechgesang „Raus, du alter Esel", den die Zukunft der Kirche anstimmte. Und zum ersten Mal kamen ihm Zweifel, ob wohl alles richtig gelaufen war. So kam es denn, daß er den Damen und Herren des Kirchenchores bei nächster Gelegenheit zugestand, wieder einmal ein richtiges Hochamt zu feiern, ganz wie früher. Der Kirchenchor übte, wobei sich ein erstaunlicher Mitgliederzuwachs ereignete. Der Küster legte wie in alten Zeiten richtige bunte Meßgewänder zurecht. Das Weihrauchfaß wurde gesucht und schließlich sogar gefunden. Und dann kam der Tag: Die Kirche war brechend voll. Und der Pfarrer, der unsicher zum Altar schritt, traute seinen Augen nicht, als er in den vorderen Bankreihen Scharen von Kindern erblickte. Die reckten die Hälse, um alles genau zu sehen, schnupperten den wundersamen Duft des Weihrauchs und staunten, was der Kirchenchor außer den läppischen Kinderreimen alles noch singen konnte. Und nachher bestürmten die Kleinen den Pfarrer, bald wieder so etwas zu machen. „Das war einfach Klasse!" sagten sie, „Spitze!, wenn du weißt, was das ist!" Und so gab es für die Zukunft der Kirche womöglich doch noch gewisse Chancen.

Die Einladung

„Da fingen alle an, sich zu entschuldigen . . .“

Lukas 14, 15–24

Eines schönen Tages – der Geist weht nicht nur wo, sondern auch wann er will – beschloß der Pfarrer, seiner Gemeinde den Tisch des Wortes, wie man so sagt, reichlicher zu decken. Mit anderen Worten: es einmal mit einer Reihe von Bibelabenden zu versuchen. Dazu war es, wenn schon nicht höchste, so doch hoch an der Zeit, fand er. Im Gemeindeblatt, durch Handzettel und einen herzlichen Hinweis am Schluß aller Sonntagsgottesdienste lud er die ganze Gemeinde dazu ein.

Als nun der Tag näherrückte, an dem der erste Abend angesetzt war, sprach er nochmals alle, die er traf, daraufhin an: „Kommt", sagte er, „Kommen Sie, es ist soweit!" –

Doch da fingen alle an, sich zu entschuldigen. Fast wie beim biblischen Gastmahl, doch auch wieder anders. Denn jeder führte achtbare Gründe an dafür, daß er zwar sonst immer, aber gerade diesmal – leider, er bedaure es ja selber am meisten – nicht kommen könne:

„Ich bin schon im Pfarrgemeinderat und im Ausschuß für Bildungsveranstaltungen tätig", erinnerte Herr F., „ich sammle außerdem für die Caritas und trage Missionshefte aus . . ." – Und das entsprach durchaus der Wahrheit, der Pfarrer wußte es ja selber. –

Aber Frau B. vielleicht? – „Unmöglich", meinte diese, „ich helfe schon in der Bücherei, ich leite den Gymnastikkurs und den Kreis junger Frauen, das dürfte Ihnen ja bekannt sein!" – Natürlich war es dem Pfarrer bekannt.

Den Herrn W. traf er auf der Straße: „Gut, daß ich

Sie treffe, Herr Pfarrer", grüßte er freundlich, „ich wollte Ihnen nur sagen, daß ich ja wirklich schrecklich gerne zu diesem Bibelkreis kommen würde, aber ich habe im Festausschuß ja so viel zu tun, dann kommt noch der Tanzzirkel, außerdem haben sie mich in den Kindergartenbeirat gewählt. Ich bin keinen Abend mehr zu Hause. Da werden Sie verstehen, daß ich leider ..." Der Pfarrer hatte Verständnis, er war ja kein Unmensch.

„Ich muß mich leider entschuldigen", wehrte der junge K. ab, „aber ich habe gerade eine Jugendgruppe übernommen und bin im Jugendclub-Team ... Ob ich mit der ganzen Jugendgruppe? Kaum, ich vermute, die haben andere Interessen ..." – Bedauerlich, aber was sollte man machen.

Dem Pfarrer fiel der Dr. A. ein, der schon einmal angeregt hatte, öfter Vorträge in der Pfarrei zu veranstalten. Ja, den könnte er anrufen. – „Ich habe es mir lange hin und her überlegt, Herr Pfarrer", ließ der sich hören, „aber es ist mir leider völlig unmöglich. Sie wissen ja, meine Verpflichtungen, heute hier, morgen da. Ich bin gerne im Verwaltungsrat, aber es wird mir doch zuviel ..."

Auch die gute Frau M. rief er an: „Also ich bin total ausgebucht", stöhnte diese, „Altenclub, Altenausflüge, Bastelkreis für den Basar, ich weiß selbst, wie wichtig es ist, aber es geht nicht, schließlich hat man ja auch noch Familie."

Auch Frau R. bedauerte: „Ach, wissen Sie, nachdem ich doch schon im Mütterkreis bin und im Kirchenchor – mein Mann beschwert sich, daß ich so selten zu Hause bin. Sind Sie mir bitte nicht böse ..." – Nein, wie könnte er auch ...

Und so fragte er und fragte und lächelte immer noch dazu. Und nachdem er an die dreißig seiner Getreuen gefragt hatte, sah er ein: noch mehr konnte man den guten Leuten, die schon so vielfältig aktiv waren, wirklich nicht zumuten. Die meisten standen ohnehin tagsüber im Beruf und hatten eine Familie. Vom Privatleben redete ohnehin kaum einer, es gab ja manche, die so etwas nicht gelten ließen und wohl schon empört taten, wenn man ihnen neben aller apostolischen Tätigkeit überhaupt noch private Interessen zutraute.

So ging der gute Pfarrer denn, wie es im Evangelium heißt, in die Randbezirke seiner Gemeinde und versuchte sein Glück bei denen an den Hecken und Zäunen, und er nötigte alle, zu kommen. Aber wen er auch ansprach, alle waren sie bereits schrecklich überlastet und konnten es einfach nicht einrichten. Gern hätte der Pfarrer wie Jesus gesagt: So kommt doch diesmal her, all ihr Mühseligen und Beladenen und Beanspruchten und mit Pflichten und Terminen Überhäuften, ausruhen sollt ihr von euren Mühen und Verpflichtungen. Aber ihm fiel ein, glücklicherweise, einer könne das womöglich allzu wörtlich und zum Anlaß nehmen, seine sonstige Mitarbeit in Bildungsausschuß, Mütterkreis oder Kirchenchor vorübergehend einzuschränken. Eben einmal auszuruhen. Und das schien ihm – man möge verzeihen – als ein größerer Verlust als das, was mit ein paar Bibelabenden zu erreichen war.

Als er am ersten Abend vier Besucher begrüßen konnte, blieb er freundlich. Was zeigt, daß er nicht nur ein aktiver, sondern auch ein guter Pfarrer war. Bei dem Gedanken, daß Jesus schon zwei oder drei Versammelten seine Gegenwart verheißen hatte, wurde ihm sogar froh ums Herz. Wenn auch nur einen Augenblick lang.

Ein Abendgebet

„Wir haben die ganze Nacht gearbeitet und nichts gefangen, Herr. Aber auf dein Wort hin ...“

Lukas 5, 4–11

Er ist einer von denen, ohne die es keine Gemeinde gibt. Nein, er ist kein Pfarrer, kein Pastoralassistent, kein Küster, nichts Hauptamtliches. Nicht einmal langjähriger Vorsitzender des Pfarrgemeinderates. Aber er ist überall und immer zur Stelle, wo er gebraucht wird. Sieben Ausschüsse könnte er jetzt aufzählen, in denen er mitberät und beschließt, aber er tut es nicht. Er mißt dem wohl nicht übermäßige Bedeutung zu, obwohl all das seine kostbare Zeit kostet. Er wird auch nicht sagen, daß es ihm sonderlich viel Spaß macht, im Gegenteil. Er ist da, weil kein anderer da ist. Wo es gilt, da packt er mit an. Und das ist fast jeden Tag der Fall. Seit Jahren. Wie gesagt: Er ist einer von denen, ohne die eine Gemeinde nicht zu denken ist.

Dennoch soll eines noch besonders betont werden. Schon, damit unser Mann – nennen wir ihn einfach Karl B. – jetzt bei Ihnen nicht in ein falsches Licht gerät. Sie kennen ihn ja nicht. Vielleicht denken Sie von ihm, er sei ein Aktivist, ein Betriebsmeier, einer, der es nur aushält, wenn immer etwas los ist um ihn herum. Nein, all das ist er nicht. Ich sagte ja schon: Sie kennen ihn nicht. Er ist nämlich ein sehr ernster, ruhiger und vernünftiger Mann. Ja, das gibt's! Und ich glaube weiter, auch ein tiefreligiöser Mann, und das gibt's auch, sogar unter den Unermüdlichen des üblichen Gemeindebetriebs. Ich weiß es natürlich nicht genau, denn er spricht kaum einmal darüber, aber ich könnte mir denken, daß – sagen wir – sein Abendgebet heute ungefähr so lautet:

„Herr, du kennst unsere Gemeinde. Du kennst alle, die sich einsetzen, und du kennst auch mich. Du weißt, wir haben alles getan, was uns möglich war. Jetzt wieder und in all den vergangenen Jahren. Wir wollten wirklich deine Gemeinde sein. Wir haben die Leute eingeladen. Wir haben sie angeschrieben. Wir haben sie besucht und mit ihnen gesprochen. Wir haben die Gottesdienste lebendiger gestaltet und sie gemeinsam vorbereitet. Mit Chor, mit einer Band, mit alten Liedern, mit modernen Liedern. Wir haben Jugendgottesdienste gemacht und Kindermessen. Es war viel Arbeit, aber es hat uns auch Freude gemacht. Wir haben Gruppen gegründet und Clubs und Ausschüsse, wir haben Ausflüge und Freizeiten angeboten. Mit Wochenenden und Vorträgen und Gesprächskreisen haben wir's versucht. Grillpartys und Feste und eine Menge Kurse haben wir veranstaltet, das meiste fällt mir gar nicht mehr ein. Bibelabende haben wir gemacht und Filme vorgeführt und für unseren Basar gebastelt. Wir haben wirklich alles mögliche unternommen in all den Jahren. Aber manchmal frage ich mich: Was haben wir dabei erreicht?

Na ja, nach Erfolgen darf man bei uns nicht fragen, das ist mir klar. Irgendwie wird das Ganze schon einen Sinn gehabt haben. Irgendwann wird es sich vielleicht doch einmal auszahlen. Aber wenn ich ehrlich bin, Herr, ich bin doch ein bißchen enttäuscht. Und manchmal bin ich müde, verzeih! So ähnlich mag's dem Petrus auch zumute gewesen sein, als er sagte: Herr, wir haben die ganze Nacht gefischt, aber nichts gefangen. Das können wir wohl auch sagen: Wir haben den ganzen Tag und die halbe Nacht gearbeitet, Jahr um Jahr, und doch nur wenig erreicht.

Aber auf dein Wort hin wollen wir das Netz weiter auswerfen. Wenn du meinst, dann will ich weitermachen, solange ich kann. Hilf uns halt ein bißchen, Herr!"

Ja, so etwas wird Herr B. wohl beten heute abend, vielleicht wird er auch dabei einschlafen, vor dem „Amen". Weil er so müde ist. Aber ich bin sicher: Morgen wird er wieder dabeisein, wenn das Netz ausgeworfen wird. Darauf kann man sich verlassen. Und weil das so sicher ist, deshalb denke ich, dürfen wir uns auch auf den verlassen, der es verstanden hat, solche Männer in seinen Dienst zu nehmen. Es wäre irgendwie schäbig, sie dann im Stich zu lassen, finde ich. Was meinst du, Herr?

Der verlorene Vater

„Ein Mann hatte zwei Söhne . . ."

Lukas 15, 11–32

Es war an einem ganz gewöhnlichen Donnerstag, kurz nach vier, da sprach Frau P., eine unermüdliche Helferin der Gemeinde, entschlossen zu sich selbst: „Es wird höchste Zeit, daß ich wieder einmal im Altenheim vorbeischaue und ein paar alte Leutchen besuche!" Man erkennt daraus, daß die Gemeinde ihre Senioren nicht ganz sich selber überläßt, sondern bemüht ist, sie durch eifrige ehrenamtliche Helferinnen zu besuchen. Man erkennt ferner, wie der Ausdruck „alte Leutchen" zeigt, daß dies mit einer gewissen und spürbaren Herzlichkeit geschieht. Und das allein ist in unserer als gefühlskalt gescholtenen Welt schon fast wie ein Wunder.

Doch zunächst fängt unsere Geschichte einfach damit an, daß Frau P. im dritten Stock des Altenheimes an der Tür von 314 klingelt. Nach geraumer Zeit öffnet Herr M., der 314 bewohnt. Er ist gehbehindert, da geht es nicht mehr so schnell. Eine Dame steht vor der Tür. Da er sie nicht kennt, ist er zuerst etwas mißtrauisch, bittet sie dann aber herein. Ja, natürlich freut er sich über den Besuch, wer schaut sonst schon nach ihm. Frau P. hat eine nette Art, sie ist nicht neugierig. Sie kommen ins Gespräch, über dies, über das, und er erzählt ihr seine Geschichte. Nichts Besonderes, eine Geschichte wie viele. „Sehen Sie", sagt er, und er holt ein Bild von der Wand, „das ist meine Familie: Das hier ist meine Frau, und das sind meine beiden Söhne, der Martin und der Wolfgang." Und nach einer Weile, während die Frau das Foto betrachtet, fügt er leise hinzu: „Ja, das war einmal!" Die Frau – „die beste, die man sich denken kann" – starb vor acht Jahren. „Ich kann mich nicht einmal mehr um das Grab kümmern", sagt er, „die Beine, wissen Sie, ich komme kaum mehr hinaus ... Sie werden sich nicht vorstellen können, wie man da allmählich einsam wird." – „Aber Ihre beiden Söhne werden Sie doch sicher öfter besuchen und Sie einmal abholen, oder?" – „Ach, die ...!" Er winkt ab. Frau P. erfährt schließlich, daß die beiden ihn nach dem Tod seiner Frau ganz übel behandelt hatten: „Denen war ich zuviel. Ich war ihnen einfach lästig. Weghaben wollten sie mich. Der Martin hat geheiratet, hat es zu was gebracht. Er war schon immer vornedran. Aber immer nur für sich selbst. Hauptsache: ich. So war er aber schon als Kind. Heute hat er alles, was er will: eine Villa, so etwas von Luxus können Sie sich gar nicht vorstellen. Nein, Kinder haben sie keine. Die Frau ist wie er ..." – „Und der Jüngere?" fragt Frau P. vorsichtig. „Der Wolfgang, der taugt nichts. Ich weiß nicht einmal, wo er steckt. Vielleicht ist es gut, daß ich nicht alles weiß." – Der alte Mann schweigt, sein Finger fährt langsam dem Muster der Tischdecke nach: „Was der mir alles angetan hat, kann ich Ihnen gar nicht sagen. Geschlagen hat er mich! Ja, der Wolfgang – schon mit siebzehn ist er dann von zu Hause weg. Hat sich herumgetrieben. Wie's so geht ..." Herr M. macht eine Handbewegung, die sagt: „Reden wir nicht mehr drüber, für mich ist die Sache erledigt, endgültig. Ich kann's nicht ändern!" –

Nicht so für Frau P., die niemals so rasch aufgibt, im Gegenteil: Gerade wenn etwas aussichtslos scheint, sozusagen zu Ende, dann fängt es für sie an. Was wird sie tun? Na, was schon? Sie wird natürlich das versuchen, was der Prophet Maleachi – bezeichnenderweise auf der letzten Seite des Alten Testamentes – von Elija schreibt: „Er wird das Herz der Väter wieder den Söhnen und das Herz der Söhne wieder ihren Vätern zuwenden." – Frau P. verläßt sich in diesem Fall nicht auf Elija, sie macht sich selber an das Werk, da bin ich ganz sicher.

Leider weiß ich nicht, wie die Geschichte weitergegangen ist: Ob sie den tüchtigen Sohn Martin in seiner Villa aufsuchte und es fertigbrachte, ihn zu überreden, doch wieder einmal nach seinem alten Vater zu schauen und ihn vielleicht sogar einzuladen? Ob sie den Jüngeren, den Wolfgang, tatsächlich irgendwo, und sei es im Gefängnis, auftrieb und ihm so zuredete, daß er es über sich brachte, den Vater um Verzeihung zu bitten? Wie gesagt, ich weiß es nicht. Ich kann es ja auch gar nicht wissen, wie die Sache wirklich ausgegangen ist, denn ich habe sie ja selbst erfunden, diese Geschichte. Wenn sie auch, wie man so sagt, dem wirklichen und ganz alltäglichen Leben nachempfunden ist. Im Grunde kann ich sie weiterführen, wie ich will. Zum Beispiel so, wie moderne Erzähler derartige Geschichten heute für gewöhnlich enden lassen: Nämlich düster, grau in grau sozusagen. Jede andere und gar erfreuliche Wendung wäre nicht ratsam, brächte einem unweigerlich den Vorwurf der Idylle ein. Nur in frommen betulichen Kalendern pflegen die alltäglichen Geschichten, die das Leben schreibt, noch ein gutes erbauliches Ende zu nehmen, ich weiß. Weil eben Wunder nicht mehr in unsere Welt passen. Und sagen Sie selbst: daß die beiden Söhne oder doch einer wenigstens zu ihrem alten Vater zurückfinden und sich mit ihm versöhnen, das wäre ja nun wirklich ein geradezu unglaubliches Wunder.

Aber warum soll es nicht geschehen, denke ich, wenn es doch einzig und allein an mir liegt? Denken Sie also jetzt von mir, was Sie wollen, hören Sie meinetwegen auf, mich ernst zu nehmen. Aber ich habe einfach Freude daran, mir vorzustellen, wie eines schönen, ja eines überaus schönen Tages der eine Sohn, ein bißchen älter geworden und wohl auch nachdenklicher, mit seinem Luxuswagen am Altenheim vorfährt und aussteigt und an der Pforte fragt, und der Aufzug ihn dann hinaufträgt in den dritten Stock. Wie er an der Tür von 314 steht und überlegt, was er nun sagen soll nach so langer Zeit und allem, was war, und wie er dann klingelt. Ich male mir aus, wie die Tür nach einer Weile aufgeht und der alte Vater seinem Sohn um den Hals fällt und vor Freude weint. Na, und weshalb sollte nicht irgendwann auch der andere Sohn zurückfinden? Nicht wahr, Frau P., warum sollte er eigentlich nicht, wenigstens in dieser kleinen Geschichte? Darum erzählt man sich ja in allen Zeiten solche unwahrscheinlichen Dinge, damit sie vielleicht doch ein bißchen wahrscheinlicher werden, die Wunder, die in unserer Welt so selten sind.

Die Taufe

„Wenn jemand nicht aus Wasser und Geist geboren wird ...“

Johannes 3, 3–5

Junge Eltern im Gespräch. Nehmen wir an, beide sind katholisch, wir wollen die Sache, um die es geht, nicht noch schwieriger gestalten. Sagen wir: Es ist früh am Abend. Vielleicht sind die beiden gerade mit dem Abendessen fertig oder noch dabei, ganz wie Sie wollen. Im Hintergrund mag man sich das Werbe-Fernsehen vorstellen: leise Musik, dazwischen die Stimme verschiedener Sprecher, hin und wieder der verzückte Aufschrei einer jungen Dame, die von einem Erfrischungsgetränk oder einer neuen zärtlichen Seife begeistert ist. Ein geschickter Regisseur würde sich wahrscheinlich ein Desodorant nicht entgehen lassen, das geschmackvollerweise nach dem christlichen Glaubensbekenntnis benannt ist und so das nun folgende Gespräch der beiden unauffällig untermalen könnte. Es versteht sich von selbst, daß junge Eheleute miteinander kein feierliches Gespräch führen, sondern – wie man ebenfalls aus dem Fernsehen weiß – alles eher beiläufig abhandeln. Also gut, hören wir zu:

Sie: Übrigens war meine Mutter vorhin da, schöne Grüße!

Er (nach einer Pause): Und, was hat sie gewollt?

Sie: Na ja, das Baby anschauen. Du weißt ja, wie sie an dem Kind hängt. Sie hat ihm wieder alles mögliche mitgebracht.

Er: Ja, die Oma! Na ja, wenn's ihr Spaß macht!

Sie: Natürlich hat sie wieder gefragt, wann wir das Kind taufen lassen.

Er: Möchte wissen, was die das angeht! Also das ist wirklich unsere Sache!

Sie: Du weißt ja, wie sie ist. Sie meint's nicht böse.

Er: Schon, aber das geht sie nichts an, da soll sie sich raushalten!
(Pause)

Sie (nach einer Weile): Ja — und was meinst du? Sollen wir's nicht taufen lassen?

Er: Also mir ist das echt egal. So was mußt du entscheiden. Du mußt das Kind ja schließlich erziehen. Ich kann mich da nicht drum kümmern.

Sie: Ich denke, das ist unsere Sache, unser Kind? Ich finde, so ganz kannst du dich da nicht raushalten.

Er: Sei doch nicht gleich sauer — ich sage doch: Mir ist es egal!

Sie: Mir auch, das weißt du. Aber irgendwie müssen wir uns entscheiden.

Er: Mann, das hat doch noch Zeit. Das Kind ist ja erst vier Monate alt!

Sie: Die Oma meint, es wäre höchste Zeit, zum Pfarrer zu gehen.

Er: Da soll sie doch gehen, wenn sie unbedingt will!

Sie: Du weißt genau, daß das nicht geht. So was müssen schon die Eltern übernehmen.
(Pause)

Sie: Eigentlich sind wir ja auch getauft. Genau wie unsere Eltern.

Er: Na, sag bloß, daß uns das noch was bedeutet: Kirche, Gott, ewiges Leben und all das!

Sie: Aber geschadet hat es uns auch wieder nicht, oder? Ich finde es ganz gut, wenn ein Kind an irgendwas glaubt und so ... Vielleicht ist doch was dran, ich meine: Kind Gottes, Erbsünde oder wie das heißt ...

Er: Nun hör aber auf!

(Pause)

Sie: Außerdem gucken sie dann in der Schule später nicht so doof. Stell dir vor, wenn ein Kind nach der Religion gefragt wird und es muß sagen: Ich hab' keine, ich bin nichts.

Er: Du hast ja recht. Schaden kann es nichts.

Sie: Es hat sogar Vorteile: Denk mal an die Erstkommunion und die Firmung. Irgendwie sind das schon Erlebnisse für ein Kind. Wenn ich an meinen Weißen Sonntag denke! Das wollen wir unserm Kind doch auch gönnen. Es wäre direkt lieblos, wenn wir ihm das vorenthalten würden. Außerdem hat die Kirche Kinderfeste und Jugendgruppen und Fahrten zu bieten. Die machen da allerhand, hab' ich gehört.

Er: Mein Gott, ich hab' ja nichts dagegen, wirklich nicht. Außerdem: wenn es mal anders kommt, können wir's ja immer noch abmelden.

Sie: Also gut, ruf den Pfarrer an, mach einen Termin aus.

Er: Wieso ich? Das könntest du ebensogut, aber schön, mach ich. – Aber welchen? Ich kenn' ja keinen!

Sie: Schau halt mal im Telefonbuch nach!

Er (blättert): Sag mal, weißt du, wie die Kirche da oben am Friedhof heißt? Ich glaube, die ist katholisch.

Sie: Keine Ahnung, woher soll ich das wissen? Aber das müßte ja herauszukriegen sein ...

Soweit das Gespräch. Es wird an dieser Stelle abgebrochen, schon weil im Fernsehen die Tagesschau beginnt. Aber es wird fortgesetzt. Und es wird, soviel darf ich verraten, einige Zeit später sogar zu einem Besuch im Pfarrhaus führen. Dafür kenne ich die Oma viel zu gut.

Das ungenutzte Talent

„Dem einen gab er fünf Talente, einem anderen zwei, wieder einem anderen eines . . .“

Mattäus 25, 14–30

Ein Besinnungstag kann wirklich ein Tag der Besinnung sein, daran ist kein Zweifel. Der Vortragende, ein älterer Pater mit kräftigem Baß, hatte über das Evangelium von den sogenannten Talenten gesprochen. Ein Mann ging auf Reisen und vertraute den Dienern sein Vermögen an. Dem einen gab er fünf, einem anderen zwei und einem dritten ein Talent. Jedem nach seinen Fähigkeiten, wie es heißt. Die beiden ersten gingen sogleich daran, mit dem Kapital zu wirtschaften, und bald hatten sie es verdoppelt. Der dritte aber, der nur ein Talent erhalten hatte, vergrub es. Als der Herr wiederkam, lobte er die beiden ersten für ihre Tüchtigkeit. Den dritten aber, der sein Talent vergraben hatte, schalt er einen schlechten und faulen Diener.

Der Pater machte deutlich, daß dies alles als ein Bild für den Weltauftrag des Christen zu verstehen sei. Jeder müsse wirken und Gottes Gaben entfalten. Nur so habe er einmal Gnade von Gott zu erwarten, denn dieser sei mit dem reichen Mann im Evangelium gemeint. Der Vortrag war eindrucksvoll, und alle stimmten mit den Schlußfolgerungen des Redners überein.

Auf dem Nachhauseweg freilich meldete eine der Teilnehmerinnen doch einige Zweifel an: „Ich weiß nicht", sagte sie zu den beiden anderen, die sie begleiteten, „irgendwie tut mir der mit dem einen Talent leid. Ich finde es nicht ganz richtig, daß der Herr so hart über ihn urteilt." – „Wieso?" wollten die beiden wissen. „Na ja", sagte die Frau nachdenklich, „nehmen wir einmal an, die Sache hätte sich in Wirklichkeit ein biß-

chen anders abgespielt, etwa so: Als die Talente gerade verteilt waren, ging der mit seinen fünf Talenten gleich daran, damit zu arbeiten. Und da er große Pläne hatte, sprach er den, der nur ein einziges Talent empfangen hatte, sofort darauf an: ‚Hör mal', sagte er, ‚du hast ja lange nicht so viel zu tun wie ich. Du könntest mir helfen, denn ich habe eine Menge vor, und allein schaffe ich das nicht!' Und da der andere ein gutes Herz besaß, half er, wo er konnte. Zum Beispiel beim Aufbau der Gemeinde, wie man das nennt. Ja, darin könnten die fünf Talente des ersten Dieners durchaus bestanden haben: in der Gemeindearbeit. So wurden denn beide aktiv, riefen Gruppen und Gesprächskreise ins Leben, bildeten Ausschüsse und Aktionsgemeinschaften, veranstalteten Gemeindefeste, Begegnungstreffen und Jugendfreizeiten, um nur weniges zu nennen. Es wurde viel für den Diener mit dem einen Talent. Denn er machte sozusagen den Kleinkram dabei, sorgte, daß alles lief, und das war schon eine ganze Menge, so viel, daß er nicht wußte, wo ihm der Kopf stand. Aber die Sache kam voran, das war nicht zu bestreiten, die Aktionen verdoppelten sich sozusagen, erzeugten neue und immer neue.

Da dachte der Diener eines Tages, nun könne er wohl auch einmal an die Entfaltung seines eigenen Talentes denken. Aber kaum hatte er dies erwogen, als auch schon der zweite Diener auf ihn zukam und ihn dringend um Hilfe bat: ‚Ich habe zwei Talente', sagte er, ‚also doppelt so viel Verantwortung wie du. Du hast ja längst nicht so viel zu tun, also hilf mir!' Und weil der so Angesprochene nicht nein sagen konnte, half er nun auch auf dem sogenannten Verwaltungssektor – hier lagen die beiden Talente des zweiten – mitanzupacken, so gut er konnte. Denn da war wirklich eine Menge zu tun: Und so übernahm er denn – was wollte er machen? – die Schreibarbeiten und die Kassenführung, er brachte die Karteien in Ordnung, saß an der Schreibmaschine, vervielfältigte Rundschreiben und adressierte Hunderte von Briefumschlägen. Eigentlich war er dafür nicht besonders talentiert, im Gegenteil: er tat sich schwer damit. Seine Begabung bestand im Singen und Musizieren, das war sozusagen das Talent, das er bekommen hatte. Aber danach fragte niemand. Angesichts der Verwaltungsaufgaben wie auch der vielen wichtigen Gemeindeveranstaltungen, die durchzuführen waren und bei denen es ohne ihn nicht ging, hätte man ihn wohl ausgelacht mit der Idee, eigentlich könne man auch einmal singen oder musizieren. Da gab es ja hundertmal Wichtigeres. Und so kam es denn, daß sein Talent sozusagen vergraben blieb, unentdeckt.

Als der Herr wiederkam, verstanden es seine beiden Kollegen vortrefflich, das blühende Gemeindeleben und die perfekte Verwaltung je als ihr ureigenstes Verdienst hinzustellen. Was sich dem Herrn darbot, war in der Tat imponierend. Und doch schien ihm, als er näher hinsah, der ganze Betrieb in einem verbissenen Aktivismus abzulaufen. Da war alles so ernst, so schrecklich ernst, so bedeutsam und apostolisch gemeint. ‚Da fehlt doch etwas', dachte er. Und bald war ihm klar, was: Nirgendwo entdeckte er so etwas wie Freude, nirgendwo gelöste, entspannte herzliche Heiterkeit, wie es einer Gemeinde mit einer Frohen Botschaft doch angestanden hätte. Keiner der unermüdlich Tätigen lachte und keiner sang, keiner musizierte, keiner tanzte, keiner hatte den Mut, auch einmal nichts zu tun und sich einfach seines Daseins zu freuen. — ‚Da stimmt etwas nicht', dachte der Herr, ‚so hatte ich mir das wirklich nicht vorgestellt!'

Und da fiel ihm das Talent ein, das da fehlte und das er, wie er sich erinnerte, doch ebenfalls vergeben hatte. Er rief den Knecht, der gerade eifrig Adressen für die nächste Aktion aus der Kartei herausschrieb, und er fragte ihn nach der Freude und dem Gesang. Da erzählte der Diener, wie alles gekommen war, von Anfang an.

Und jetzt, denke ich, wird der liebe Gott, um den geht es ja in der Geschichte, den ganzen schrecklichen Betrieb stoppen und wird sagen: ‚Hört endlich auf damit, spielt lieber und singt und tanzt und freut euch!‘ Und er wird zu dem dritten Diener sagen: ‚Jetzt kommt deine Zeit, mein Lieber, jetzt bring einmal Schwung und Musik und Stimmung in die Sache! Denn jetzt wollen wir ein Fest feiern, das kein Ende nimmt!‘

‚O ja‘, atmete der Diener erleichtert auf, ‚ich hab's ja geahnt, daß es doch noch anders kommen würde!‘ – Und er begann zu singen: ‚Ja, wenn der Herr einst wiederkommt . . .‘ Und so nach und nach stimmten alle mit ein, die Aktionskreise und die Ausschüsse und Gremien und Gruppen und die Karteikarten und Akten und Listen, und es brach eine ungeheure Begeisterung aus, wie man sie auf dieser Welt noch niemals erlebt hatte.“

IV

Lieder –
Manchmal reichen sie weiter als Worte …

Was in den Evangelien geschrieben steht, ist unerschöpflich. Unentwegt regt es an: zum Nachdenken, zum Handeln, zum Erzählen.

Das Wort des Lebens will nicht nur gelesen – es will gehört, bedacht, befragt, es will betend beantwortet werden. Es will leben in uns und Leben wecken. Darum wartet es darauf, daß wir es aussprechen, es einander erschließen, es in das tägliche Tun umsetzen und – nicht zu vergessen – daß wir davon singen.

„Heute, wo sich meine Stimme zu Liedern multipliziert", heißt es in einem Chanson von *André Heller*. Im Lied verliert die Sprache ihre Schwere. Die Wörter werden leicht, es wachsen ihnen Flügel. „Wer singt, betet doppelt." Uralte Erfahrung steckt in diesem Satz. Was gesungen wird, reicht weiter als das gesprochene Wort. Was sich nicht sagen läßt – vielleicht kann man es singen.

„Als Leser", schreibt *Huub Oosterhuis*, „bin ich ein ‚Außenstehender', ein ‚Gegenüber', wenn aber das Buch beim Singen aus seinen Buchstabenzeichen gelöst und zum Leben erweckt wird, wenn es zu seiner Quelle, zur lebendigen Zusammenkunft, zurückkehrt und wieder zu dem wird, was es war: ein Zeugnis lebendiger Stimmen, dann werde ich mitgerissen und mit den andern verbunden. Dann wird sein Inhalt zu meinem Glauben und zu meiner Geschichte, dann erreiche ich – indem ich das Faßbare und Unfaßbare übersteige – die Ebene des Verstehens ... Singen heißt: sich in ein größeres Ganzes einfügen, mit anderen einstimmen und dabei Worte verwenden, die man allein niemals verwirklichen kann, an die man sich nur gemeinsam mit anderen heranwagt."

Man kann auch in kleinen und zaghaften Schritten damit beginnen, ein Lied anzustimmen. Für manches Lied sind wir wohl allemal noch zu klein – siehe den ewigen Lobgesang der Engel. Aber wir wachsen an dem, was wir singen. Fast immer sind uns die Lieder des Glaubens voraus, darin gleichen sie den Verheißungen. Sie werden geschrieben und gesungen, damit sie eines Tages in Erfüllung gehen.

Ein kleines Lied zum grossen Gott

Mattäus 6, 30

Sei unser Gott, der alle Welt
in seiner Liebe leitet,
halt deine Hand so wie ein Zelt
hoch über uns gebreitet.

Sei nah in allem, was geschieht,
und tief in allen Dingen,
sei unser Gott, der alles sieht,
und hör, was wir dir singen.

Sei überall, wo Menschen sind,
wo immer Menschen träumen,
so leise wie ein sanfter Wind,
der umgeht in den Bäumen.

Sei unser Gott, der mit uns zieht
mit seinem großen Segen,
sei unser Leben, unser Lied,
ein Licht auf allen Wegen.

Bekümmertes Weihnachtslied

Lukas 2, 8–14

Wo bist du, Gott, du großer Stern,
den die Gebete nennen?
Du warst doch nah und bist so fern
und läßt dich nicht erkennen.

Die Augen nehmen dich nicht wahr,
wir gehen wie die Blinden
und suchen, wo dein Bild einst war,
und können dich nicht finden.

Wir hören deine Stimme nicht
im Lärmen der Motoren.
Laß leuchten, Herr, dein Angesicht,
sonst gehen wir verloren.

Der Himmel über uns ist leer
und nirgends Engelheere.
Wo nehmen wir den Frieden her?
Wir haben nur Gewehre.

Weiß einer noch, wo Hirten sind,
die wachen bei den Herden?
Zeig uns den Stall, zeig uns das Kind,
daß wir gerettet werden.

Dreikönigslied

Mattäus 2, 9–12

Ein Stern steht am Himmel,
für alle zu sehn,
so hell war noch keiner –
wer kann es verstehn?

Ein seltsames Zeichen,
und jeder kann sehn:
es zeigt auf die Erde –
was ist da geschehn?

Ein Stall, eine Krippe,
ein Kind ist zu sehn,
und Könige knien –
wer kann es verstehn?

Das Lied von den Menschen, die aussehen wie Bäume

Markus 8, 24

Herr, wie ein Baum
so sei vor dir mein Leben,
Herr, wie ein Baum
sei vor dir mein Gebet.

Gib Wurzeln mir, die in die Erde reichen,
daß tief ich gründe in den alten Zeiten,
verwurzelt in dem Glauben meiner Väter.

Gib mir die Kraft, zum festen Stamm zu wachsen,
daß aufrecht ich an meinem Platze stehe
und wanke nicht, auch wenn die Stürme toben.

Gib, daß aus mir sich Äste frei erheben,
oh meine Kinder, Herr, laß sie erstarken
und ihre Zweige recken in den Himmel.

Gib Zukunft mir und laß die Blätter grünen
und nach den Wintern Hoffnung neu erblühen,
und wenn es Zeit ist, laß mich Früchte tragen.

Herr, wie ein Baum
so sei vor dir mein Leben.
Herr, wie ein Baum
sei vor dir mein Gebet.

Das Lied von Gottes Wort

Johannes 6, 68

Du hast dein Wort zu uns gesprochen,
ein Wort, das uns rief wie ein Weg in das Leben,
es nahm uns die Angst und hat uns befreit.
  Wenn du sprichst, keimt auf eine Saat,
  werden Menschen verwandelt und Wunder
  geschehen
  hier in der Welt.
Du hast dein Wort zu uns gesprochen,
das legt einen Schatz in den täglichen Acker,
und wer ihn erkennt, gibt alles dafür.
  Wenn du sprichst, dann stehen sie auf,
  all die Blinden und Lahmen, die Niedergebeugten
  richtest du auf.
Du hast dein Wort zu uns gesprochen,
das geht vor uns her und geht über das Wasser,
und wer es vernimmt, der folgt wie im Traum.
  Wenn du sprichst, vermehrt sich das Brot,
  werden selig die Armen, verlorene Söhne
  finden nach Haus.
Du hast dein Wort zu uns gesprochen,
das geht in den Tod und ersteht aus dem Grabe,
es lebt und erweckt auch uns aus dem Tod.
  Wenn du sprichst, dann sehen wir schon
  mit verwunderten Augen die kommende Stadt
  vor uns erstehn.
Du hast dein Wort zu uns gesprochen,
das geht wie ein Lauffeuer rund um die Erde,
das wandelt den Staub in flammendes Licht.

Lied von denen, die Jesus begegnen

Lukas 18, 35–19, 10

Da ist ein Mann, sieh ihn dir an,
und der ist blind, der Mann,
blind von Anfang an,
Siehst du den Mann, siehst du ihn gehn?
Er kann nicht sehn, und dann
schaut ihn Jesus an,
und er sagt: Du sollst sehn,
nicht mehr länger bist du blind.
Der Tag beginnt, glaube mir,
ich bin das Licht der Welt. –
Und er, er sieht das Licht,
und alles ist nun hell,
und er geht – mit ihm,
und ist geheilt . . .

Da ist ein Mann, sieh ihn dir an,
ein Zöllner, jedermann
sieht ihn böse an.
Und dieser Mann steigt wie im Traum
auf einen Baum, und dann
schaut ihn Jesus an,
und er sagt: Komm herab,
steig herab von deinem Baum,
denn Heil geschieht deinem Haus,
komm her und lad mich ein! –
Und er, er jubelt laut,
er ist nicht mehr allein,
und er geht – mit ihm
und ist sein Freund . . .

Nun bist du dran, nun sieh dich an,
wem bist du zugetan

oder untertan?
Nun schau dich an, was weiß denn ich,
so fragst du dich, und dann
schaut dich Jesus an,
und er sagt: Folge mir,
sieh, ich habe dich erwählt.
Ich bin der Weg auch für dich,
du sollst mein Jünger sein! –
Und ich, ich folge ihm,
und er geht vor mir her,
und ich geh – mit ihm,
denselben Weg ...

Lied von dem, der der Weg ist
Johannes 21, 19–20

Rahmenvers:
Wir nennen uns nach Jesus Christus,
als Christen leben wir in dieser Welt.
Du fragst uns, was uns so an ihm gefällt,
was er bedeutet heute für das Leben.

Folge mir, sagt er dir
Strophen:
1. er liebte alle, Freunde und auch Feinde,
2. er heilte alle, Stumme und auch Blinde,
3. er säte neue Hoffnung in die Erde,
4. der sich verschenkte und wie Brot verteilte,
5. der selig nannte all die armen Leute,
6. der Gott im Himmel seinen Vater nannte,
7. der aus dem Tode auferstand zum Leben,
8. er ist der Weg, die Wahrheit und das Leben.

Rahmenvers:
Geh seinen Weg und tu, was er dir sagt,
dann wirst du verstehen,
dann wirst du leben.

Lied, das die Augen öffnet

Johannes 9, 10–12

Ein Leben währt nur ein paar Jahre,
ein Leben ist wenig und viel.
Wir kommen und gehen, wir säen und ernten,
ein menschliches Leben ist viel.

Ein Tag zwischen Morgen und Abend,
ein Tag, das ist wenig und viel.
Er ist uns geschenkt und gehört uns für immer,
ein Tag, den wir leben, ist viel.

Was sein wird, das ist noch verborgen,
und keiner kann heut schon verstehn,
doch Einer öffnet uns die Augen,
daß wir Sein Heil schon kommen sehn.

Ein Brot, das langt grade für einen,
ein Brot, das ist wenig und viel.
Wenn wir es uns teilen, dann reicht es für alle,
ein Brot, das geteilt wird, ist viel.

Ein Becher mit Wein reicht für einen,
ein Becher ist wenig und viel.
Wenn wir ihn gemeinsam mit anderen trinken,
ein Becher mit Frieden ist viel.

Was sein wird, das ist noch verborgen,
und keiner kann heut schon verstehn,
doch Einer öffnet uns die Augen,
daß wir Sein Heil schon kommen sehn.

Ein Wort, das kann wahr sein und lügen,
ein Wort, das ist wenig und viel.

Die Sprache der Liebe braucht nicht viele Worte,
ein liebendes Wort, das ist viel.

Ein Mensch, ach, was zählt denn schon einer,
ein Mensch, das ist wenig und viel.
Genug für die Liebe, genug für ein Leben,
ein Mensch, der mich liebt, das ist viel.

Was sein wird, das ist noch verborgen,
und keiner kann heut schon verstehn,
doch Einer öffnet uns die Augen,
daß wir Sein Heil schon kommen sehn.

Liebeslied von Mann und Frau

Markus 10, 6–9

Wir sind uns fern und sind uns doch nahe,
wo ich auch bin, ich denke an dich:
So wie du bist, so will ich dich lieben,
so wie ich bin, so liebe mich!

Jahre, die gehn, und Jahre, die kommen,
war es ein Traum, der mit uns begann?
Gestern ist heut, und heute ist morgen,
ich bin bei dir und seh dich an.

Frage den Schnee, er kennt unsre Spuren,
frage den See in Sonne und Wind.
Frage dich selbst, wirst du es vergessen,
wie wir uns nah gewesen sind?

Daß es dich gibt und daß ich dich kenne,
daß ich dich fand, wie ist das geschehn?
Wer hat gewollt, daß wir uns begegnen?
Liebe ist mehr als wir verstehn.

Wir sind uns fern und sind uns doch nahe,
wo ich auch bin, ich denke an dich:
So wie du bist, so will ich dich lieben,
so wie ich bin, so liebe mich!

Kleines Lebenslied

Mattäus 6, 27

Ich bin, du bist, er ist, wir sind,
ein Wort, ein Lied, ein leiser Wind.
Wir sind, er ist, du bist, ich bin,
ein Atemzug, so gehn wir hin.

Du bist, er ist, wir sind, ihr seid,
ein Tag, ein Jahr, und noch ist Zeit.
Ihr seid, wir sind, er ist, du bist,
und keiner weiß, was morgen ist.

Er ist, wir sind, ihr seid, sie sind,
ein Jahr, ein Tag, die Zeit verrinnt.
Sie sind, ihr seid, wir sind, er ist,
ein Wort, ein Lied: Ich bin, du bist.

Pfingstlied

Johannes 16, 13–14

Komme, geheimnisvoller Atem,
leiser zärtlicher Wind,
hauche uns an, damit wir leben,
ohne dich sind wir tot!

Komme, in Feuer und in Flammen,
zünd uns an wie ein Licht,
mache uns trunken von der Liebe,
wir sind starr, tau uns auf!

Komme, Erfinder neuer Sprachen,
gieß dich aus über uns,
rede in uns mit neuen Zungen,
komm, begeistere uns!

Komme, du Hoffnung aller Armen,
schaff den Wehrlosen Recht,
daß die Gebeugten sich erheben,
daß sich Völker befrein!

Komme, du Tröster aller Müden,
Stille mitten im Lärm,
in den Terminen schaff uns Pausen,
laß uns ausruhn in dir!

Komme, du Taube übers Wasser,
bring den Ölzweig herbei,
bring uns das Zeichen für den Frieden,
den die Erde ersehnt!

Komme vom Vater und vom Sohne,
komm du schaffende Kraft,
mache uns neu, und unsre Erde
hat ein neues Gesicht!

Lied vom heiligen Mahl

Mattäus 26, 26–29

Kommt, ihr alle, kommt herein,
Gott will unser Gastgeber sein,
er lädt uns alle ein.

Unser Passah ist bereit,
denkt daran, Gott hat uns befreit,
Wunder hat er vollbracht.

Nehmt das Brot des Lebens,
eßt es zum Gedächtnis,
nehmt es hin, das ist mein Leib.

Seht, geschlachtet ist das Lamm,
das die Schuld der Welt auf sich nahm
und uns wieder versöhnt.

Er, der starb, besiegt den Tod,
er ist hier im Wein und im Brot,
Liebe, die nicht mehr stirbt.

Nehmt den Kelch des Heiles,
trinkt ihn zum Gedächtnis,
nehmt ihn hin, das ist mein Blut.

Brot, gebrochen und verteilt,
Blut, vergossen, Tod, der uns heilt,
ob wir das je verstehn?

Herr, führ uns mit starker Hand
durch das Meer, durch Wüste und Sand
ins verheißene Land.

Feiert mein Vermächtnis,
tut es zum Gedächtnis,
bis ich wieder bei euch bin.

Lied am Grabe

Johannes 20, 1–10

Niemand weiß, wie lange werden wir noch sein,
morgen oder heute holt der Tod uns ein.

Keiner kann uns helfen, jeder stirbt allein,
und es bleibt am Ende nur ein Grab, ein Stein.

Alle unsre Namen wird der Wind verwehn,
oder ruft uns einer, daß wir fortbestehn?

Kann es sein, daß Gott uns einst vom Tod befreit
und in Freude wandelt alles Menschenleid?

Ob wir dann wie Kinder vor dem Vater stehn
und mit neuen Augen seine Wunder sehn?

Werden wir dann hören, wie die Schöpfung singt,
wie das Lied der Sterne und der Blumen klingt?

Eine neue Erde, wie soll das geschehn,
daß wir unsre Lieben einmal wiedersehn?

Oder sind das Träume, die wir uns erdacht?
Wer von uns ist jemals aus dem Tod erwacht?

Wer wälzt von dem Grabe uns den schweren Stein?
Wer kann, wenn wir tot sind, uns vom Tod befrein?

Einen sah ich sterbend in das Leben gehn,
und ihm will ich glauben, daß wir auferstehn.

Kleines Osterlied
Lukas 24, 1–9

Was sucht ihr
den, der lebt, bei den Toten,
und was seid ihr so traurig
und sucht ihn in seinem Grab?

Er lebt nun,
und auch ihr werdet leben,
seht, er ist auferstanden,
auch ihr werdet auferstehn.

So geht denn
an die Grenzen der Erde,
um von Jesus zu singen,
der Wahrheit und Leben ist.

Erhebt euch,
all ihr Schwestern und Brüder,
denn die Nacht hat ein Ende,
es kommt schon der helle Tag.

Lied der Emmausjünger
Lukas 24, 19–35

War das denn alles nur ein Traum,
daß einmal alle Blinden sehn
und daß die Lahmen wieder gehn,
bleibt das alles nur ein unerfüllter Traum?

Doch er stand auf am dritten Tag,
unsere Hoffnung ist nicht länger tot.
Halleluja, halleluja, Jesus Christus lebt,
halleluja, halleluja, mitten unter uns.

War das denn alles nur ein Traum,
Menschen, die frei und aufrecht gehn,
Völker im Frieden, die sich verstehn,
bleibt das alles nur ein unerfüllter Traum?

Doch er stand auf am dritten Tag,
unsere Hoffnung ist nicht länger tot.
Halleluja, halleluja, Jesus Christus lebt,
halleluja, halleluja, mitten unter uns.

War das denn alles nur ein Traum,
Liebe geteilt wie Brot und Wein,
keiner soll mehr verloren sein,
bleibt das alles nur ein unerfüllter Traum?

Doch er stand auf am dritten Tag,
unsere Hoffnung ist nicht länger tot.
Halleluja, halleluja, Jesus Christus lebt,
halleluja, halleluja, mitten unter uns.

War das denn alles nur ein Traum,
Glaubende, die nicht untergehn,
Tote, die aus dem Grab erstehn,
bleibt das alles nur ein unerfüllter Traum?

Doch er stand auf am dritten Tag,
unsere Hoffnung ist nicht länger tot.
Halleluja, halleluja, Jesus Christus lebt,
halleluja, halleluja, mitten unter uns.

Jesus ist hier — ein Litaneigesang

Mattäus 28, 20 und Lukas 23, 43

Folge mir, überall bin ich bei dir,
heute noch wirst du selig sein mit mir.

Strophen:
In dem Wort aus Gottes Mund bist du da,
selig sind alle, die es hören und auch tun.

In dem Mahl, das uns vereint, bist du da,
selig sind alle, die von dir geladen sind.

In dem Brot, das du uns reichst, bist du da,
selig sind alle, die zu deinem Leib gehörn.

In dem Kelch mit deinem Blut bist du da,
selig sind alle, die der Neue Bund vereint.

In der Schuld, die uns bedrückt, bist du da,
selig sind alle, die sich neu zu dir bekehrn.

In dem Menschen, der uns braucht, bist du da,
selig sind alle, die einander Gutes tun.

In dem Kranken, der sich quält, bist du da,
selig sind alle, die um Leidende sich mühn.

In dem Frieden, der gelingt, bist du da,
selig sind alle, die verzichten auf Gewalt.

In dem Glück, das uns erfüllt, bist du da,
selig sind alle, die wie Kinder fröhlich sind.

In den Leiden, die uns drohn, bist du da,
selig sind alle, die verfolgt und wehrlos sind.

In dem Tod, der uns ereilt, bist du da,
selig sind alle, die im Glauben ihn bestehn.

In dem Heil der neuen Welt bist du da,
selig sind alle, die zum Leben auferstehn.

Lied vom Ostermorgen

Lukas 24, 28–35

So wie ein Licht auf einem Menschengesicht,
wie ein Tag, der beginnt,
so bist du da, doch wir erkennen dich nicht,
sieh uns an, wir sind blind.

Strophen:
Wir sind erfüllt vom Leid, suchen mit allen Streit,
das ist der Tod, der uns droht.
Du bist es, der verzeiht, der uns vom Haß befreit,
Sieger über den Tod.

Herzen so hart wie Stein, jeder für sich allein,
das ist der Tod, der uns droht.
Liebe sagt: Ich bin dein! Liebe will ewig sein,
siegen über den Tod.

Bitter schmeckt unser Brot, bitter wie Menschennot,
das ist der Tod, der uns droht.
Teile mit uns das Brot, heile, o Herr, die Not,
siege über den Tod.

Leben, das schnell vergeht, Spur, die im Wind verweht,
das ist der Tod, der uns droht.
Einer, der mit uns geht, einer, der aufersteht,
Sieger über den Tod.

Gesang der Erlösten

Johannes 11,25–27

Wir gehen ins Gelobte Land,
du läßt uns aus dem Tode auferstehn.
Zusammen gehn wir Hand in Hand,
du läßt uns aus dem Tode auferstehn.

Wir sind dein Volk, das dir vertraut,
du läßt uns aus dem Tode auferstehn.
Wir waren stumm und singen laut,
du läßt uns aus dem Tode auferstehn.

Wir waren Blinde und wir sehn,
du läßt uns aus dem Tode auferstehn.
Und die Gelähmten können gehn,
du läßt uns aus dem Tode auferstehn.

Wir waren Knechte und sind frei,
du läßt uns aus dem Tode auferstehn.
Du führst uns aus der Sklaverei,
du läßt uns aus dem Tode auferstehn.

Wir sind die Hand, mit der du heilst,
du läßt uns aus dem Tode auferstehn.
Wir sind das Brot, das du verteilst,
du läßt uns aus dem Grabe auferstehn.

Wir sind die Menschen, die du liebst,
du läßt uns aus dem Tode auferstehn.
Wir sind der Friede, den du gibst,
du läßt uns aus dem Tode auferstehn.

Grosses Loblied

Lukas 24, 28–35

Du bist bei uns in Wein und Brot,
Leben erstanden aus dem Tod,
Leben geteilt so wie Brot und Wein,
so willst du unter den Menschen sein.

Strophen:
Ein Licht erschien in dieser Welt
mitten unter den Menschen.
Es hat die Finsternis erhellt,
selig sind, die es sehen:
Wir alle, die wir schauen das Licht,
singen dein Lob.

Ein Wort, das macht die Wahrheit kund
mitten unter den Menschen.
Ein Wort von Gott aus Menschenmund,
selig sind, die's vernehmen:
Wir alle, die wir hören das Wort,
singen dein Lob.

Ein Weg, und einen sah ich gehn
mitten unter den Menschen.
Und wer ihm nachgeht, wird verstehn,
dieser Weg führt ins Leben:
Wir alle, die wir gehn auf dem Weg,
singen dein Lob.

Ein Mensch war Weg und Wort und Licht
mitten unter den Menschen.
Er war, er ist, seht ihr es nicht,
Gottes Sohn auf der Erde:
Wir alle, die wir glauben an ihn,
singen dein Lob.

Und wir, Gemeinde in der Welt,
mitten unter den Menschen,
sein Volk, das er sich auserwählt,
folgen wir seinen Spuren?
Wir alle, die wir zu ihm gehörn,
singen dein Lob.

Verzeichnis der Bibelstellen